U0537081

高校学术文库
体育研究论著丛刊

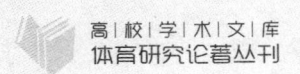

新形势下网球运动文化发展剖析与全民健身攻略

刘东起 著

中国书籍出版社
China Book Press

图书在版编目(CIP)数据

新形势下网球运动文化发展剖析与全民健身攻略/
刘东起著. —北京：中国书籍出版社，2017.5
ISBN 978-7-5068-6180-9

Ⅰ.①新… Ⅱ.刘… Ⅲ.①网球运动－运动训练②健康－运动训练 Ⅳ.①G845.2

中国版本图书馆 CIP 数据核字(2017)第 112294 号

新形势下网球运动文化发展剖析与全民健身攻略

刘东起　著

丛书策划	谭　鹏　武　斌
责任编辑	张　文
责任印制	孙马飞　马　芝
封面设计	马静静
出版发行	中国书籍出版社
地　　址	北京市丰台区三路居路 97 号(邮编：100073)
电　　话	(010)52257143(总编室)　(010)52257140(发行部)
电子邮箱	chinabp@vip.sina.com
经　　销	全国新华书店
印　　刷	三河市铭浩彩色印装有限公司
开　　本	710 毫米×1000 毫米　1/16
印　　张	16
字　　数	243 千字
版　　次	2018 年 10 月第 1 版　2018 年 10 月第 1 次印刷
书　　号	ISBN 978-7-5068-6180-9
定　　价	58.00 元

版权所有　翻印必究

目 录

第一章　网球运动概述 … 1

第一节　网球运动的源起 … 1
第二节　我国网球运动的发展 … 4
第三节　网球运动的基本特征 … 7
第四节　网球运动的未来发展趋势 … 13

第二章　网球运动的重要组织与著名赛事 … 16

第一节　网球运动的国际组织 … 16
第二节　网球运动四大公开赛 … 23
第三节　ATP 系列赛与 WTA 顶级赛 … 34
第四节　网球运动欣赏 … 37

第三章　我国网球运动发展的新环境 … 45

第一节　新时期的体育科学发展观 … 45
第二节　《全民健身计划纲要》的贯彻实施 … 55
第三节　网球运动对全民健身的促进作用 … 60

第四章　网球运动文化与各种文化的融合发展 … 75

第一节　网球运动与休闲体育文化 … 75
第二节　网球运动与校园体育文化 … 81
第三节　网球运动与家庭体育文化 … 95

第五章　全民健身背景下网球运动开展的基础 …………… 112

第一节　网球运动的装备与注意 …………… 112
第二节　网球运动的身体素质准备与热身 …………… 131
第三节　网球运动的营养补充与疾病防治 …………… 137
第四节　大众网球运动竞赛的组织 …………… 149

第六章　全民健身背景下网球俱乐部的经营管理 ………… 155

第一节　商业网球健身俱乐部 …………… 155
第二节　高校网球健身俱乐部 …………… 163
第三节　社区网球健身俱乐部 …………… 176

第七章　网球运动健身的开展 …………… 185

第一节　网球运动基本技术 …………… 185
第二节　网球运动基本战术 …………… 208
第三节　网球运动所应具备的心理素质及其培养 …… 225

第八章　网球运动规则及网球运动新形式 …………… 228

第一节　网球运动的基本规则 …………… 228
第二节　软式网球运动 …………… 239
第三节　短式网球运动 …………… 242

参考文献 …………… 246

第一章　网球运动概述

在21世纪的今天,网球运动已经成为世界上职业化程度最高的体育项目之一。几乎每天都在世界各地举办着各种级别和形式的网球比赛,其中最被人们所熟知的要数网球四大满贯赛事。为了更好地了解和更深层次地研究网球运动,本章首先对网球运动的源起与发展、特征与发展趋势等内容进行阐述。

第一节　网球运动的源起

世界公认的网球运动的起源地是法国。在12—13世纪时,法国的传教士数量众多,他们致力于将欧洲的宗教和文明等事物传播到各地,包括网球运动在内也是如此。不过,当时的网球运动并非是一项规则完善、规格严谨的体育运动,而更像是一种运动类的游戏。当时法国传教士常常在教堂的回廊里用手掌击打一种类似小球的物体来充实生活,渐渐地这种活动传入了法国宫廷,并立刻受到了王室贵族的青睐。当时这种游戏称为"jeu de paume"(法语是用手掌击球的意思),即"掌球戏"。最初这种游戏开展的地方多为室内,后来人们不再满足在相对狭小的室内开展活动了,于是转战室外继续进行这种游戏。在室外,人们将一条绳子架在中间作为左右半场的分界线,两边各站一人,双方用手来回击打一种裹着头发的布球。

14世纪中叶,法国王储赠送给了英国国王亨利五世一件礼物,该礼物就是网球游戏时使用的球拍。借由此,这种有趣的游戏便传入了英国。不过,在英国这种游戏尚未被命名,后来由于该游戏用球的表面覆盖的是埃及坦尼斯镇所生产的绒布,因此英国人就将"Tennis"(网球)作为网球的名称了,结果这个名字流传了开来,最终成为了网球运动的正式名称,沿用至今。另一种关于网球命名的说法是,英语中"Tennis"是从法语"Tenez"(运动员发球时提醒对方的感叹词)演变而来的。

15世纪,网球游戏的器材出现了一些改进,羊皮纸做拍面的卵形球拍逐渐成为主流器材。不过,这种新衍生出的器材的样子看起来并不好看,而且整体重量略重,不利于使用者的携带移动和快速挥拍。不过,器材的改良始终是运动发展的一个侧面,也绝对算是一种进步了。不仅是球拍出现了变化,为了更好地判定球是否过网,减少分歧,原先在中间分隔左右半场的绳子也换成了由无数网眼构成的网子。这一系列的改变使得网球游戏一下又增添了许多乐趣性和可玩性。于是这种游戏在贵族中再度兴起。鉴于当时这种对场地和器材要求较为严苛的运动不是一般民众可以玩得起的,所以从事这项运动的基本为皇亲国戚,故在当时网球运动被称为"宫廷网球"和"皇家网球",如此自然就被赋予了高贵的身份。这种势头几乎一直延续到今天,由于支持网球运动的高昂费用,使得这项运动一直难以成为大多数普通民众可以参与的项目。

到16—17世纪时,网球游戏开始出现了竞技性的分化,加入了更多的竞技化元素,完善了规则,它不再是一种单纯的游戏,而逐渐成为一种竞技比赛形式。在此基础上还制定了标准化规格,建造了专门的球场。18世纪,网球运动在各阶层中开展起来,19世纪,网球成为欧美盛行的一项运动。1873年,英国人首次将网球场地移到草坪上,并出版了《草地网球》一书。这本书在当时就是一本相当系统具体地对当时网球技战术打法进行实践指导的用书。1874年又对网球的场地规格等硬件做了进一步规定。1875年英国板球俱乐部修订了网球比赛规则后,于1877年7月举办了第一届温布尔登草地网球锦标赛。历经几次修改后,该组织最终将网球场地的规格定为长 23.77 米（78 英尺）、宽 8.23 米（27 英尺）的长方形，球网中央高度为 99 厘米，并确定了每局采用 15、30、40、平分的记分方法。此后到了 1884 年，网高再度被调整到 91.4 厘米。至此，现代网球运动基本定型。

起源于法国，并最初由传教士传播的网球游戏，经过欧洲各国王室的推动，最终在欧美逐步走向平民，这一趋势也传向了全世界。为了能够更好地协调世界网球运动，促进各国网球的交流，在美国人杜安尼·威廉姆斯、瑞典人查尔斯·巴德和法国人亨利·沃利特的努力下，经过几年的准备，最终于 1913 年 3 月 1 日在巴黎成立了国际网球联合会，该协会的总部设在伦敦。刚成立时，该组织会员国包括英国、法国、澳大利亚、奥地利、比利时、丹麦、德国、荷兰、南非、俄国、瑞典和瑞士。我国加入国际网联的时间为 1980 年。

1972 年，国际男子职业网球协会成立，英文简称"ATP"。ATP 赛事的参加成员要求较为严格，即必须是名列当年世界前 200 名的男子网球运动员，该协会成立的目的主要为了维护职业网球运动员的利益，为他们更多地提供比赛和挣得奖金的机会。后来，为了传播和发展的需要，该协会还发行了《国际网球周刊》杂志，定期对国际网球运动的重大赛事、发展情况、运动员访谈等内容做详细解读。在 ATP 之后，女子职业网球协会也宣布成立，即 WTA，其成立宗旨与男子相同。

从网球历史看，世界上最早的国际网球赛事是 1877 年在伦敦郊外温布尔登举行的男子单打比赛。鉴于网球运动开展的效果良好，影响力较大，致使其在 1896 年举办的第一届现代奥运会上就成为了正式比赛项目，该届奥运会设置了男单与男双两个网球项目。然而此后的七届奥运会都没有出现网球比赛，究其原因是由于国际奥委会和国际网球联合会在协商运动员参加奥运会网球赛事的资质问题上有了重大分歧，其争论的重点就是是否允许职业网球运动员参加奥运会，双方就此问题僵持不下，最终谈判破裂，网球运动暂时退出奥运会。直到 1984 年洛杉矶奥运会，网球运动才被列为表演项目,在1988年的汉城奥运会重新又被列为正式比赛项目。

时至今日,网球运动成为了世界范围内开展较为普遍的运动,其高度的职业化和产业化也表明了这项运动的顽强生命力和受到大众的超高认可度。不过需要承认的是,网球运动在全世界的发展并不均衡,高水平的运动员主要集中在欧美地区。每年观看澳网、温网、法网、美网及其他网球赛事的人数高达几亿人次。可以说,网球是仅次于足球的世界第二运动项目。

第二节 我国网球运动的发展

网球运动传入我国的时间为1885年左右。刚刚进入中国的网球运动首先在较大的城市中传播,如上海或广州等沿海经济发达的城市。在这些城市中的传教士是该项运动得以传播的重要媒介,当然,一些教会学校中也会相应地开展这项运动,其中比较典型的有北京汇文学校、通州协和书院、上海圣约翰书院、广州岭南学校以及香港的教会学校。1898年,上海圣约翰书院举行了我国网球历史上的第一场杯赛。从1906年开始,当时京城的一些著名学校也组织了一些校际网球友谊赛,这种赛事在其他地区的多所高校中也有所开展。校际网球比赛的举办在一定程度上促进了网球运动在中国的传播。

1910年,旧中国举行第一届全运会,网球列为正式比赛项目,只有男子参加。后历届全运会均设立网球项目,但单项因届而异。1924年第三届全运会允许女子参加,但无人报名。1930年第四届全运会女子首次登上网球赛场。

20世纪初开始举办的远东运动会是东亚地区较为盛大的综合性运动会。网球运动在1913年举办的第一届远东运动会时就被列为正式比赛项目,此后的几届赛事网球赛事均未缺席。然而我国参加该运动会的网球赛事是从1915年的第二届开始的。

第一章 网球运动概述

1923年起,我国还派人参加了第六届至第十届远东运动会的女子网球表演赛。不过,从实力角度上来看,当时我国网球运动的水平有限,落后于日本和菲律宾。1927年第八届远东运动会上,以华侨邱飞海、林宝华为主力的中国队首次战胜日本队和菲律宾队,获得冠军,从而结束了旧中国参加国际网球赛无冠军的历史。旧中国曾6次派人参加戴维斯杯网球赛,均未获得好成绩。

为此,我国体育界开始逐渐重视网球这项当时的新兴运动,纷纷从理论角度开始了研究。其中较为具有影响力的是我国首部关于网球理论的著作《网球术》的出版,该书于1917年2月由中国图书公司出版。书中详细介绍了网球运动的起源与发展,网球运动的场地与器材、比赛方法、基本击球技术等内容。该专著的问世对我国网球运动的传播起到了极大的促进作用。

1924年,我国网球选手邱飞海参加了第44届温布尔登网球锦标赛,创造了中国人首次出现在四大满贯赛事的纪录,而且在这次首次参赛中,邱飞海通过首轮关,成功晋级次轮,这个成绩在国内引发了极大关注。

1938年,我国选手许承基参加了第58届温布尔登网球锦标赛,并被赛会列为8号种子。许承基不负众望连过三关杀入第四轮,创造了又一个中国人在四大满贯赛事中的最好成绩纪录,而且这一纪录直到今天都再未被超越。除这一优异的成绩外,他还蝉联了1938年和1939年英国硬地网球锦标赛的两届单打冠军,这也令世界不得不对中国网球运动员刮目相看。

新中国成立后,党和国家非常重视体育运动的发展,希望以此为抓手,成为重振民族信心的事业。然而对于网球运动的发展基本是从零开始。1953年在天津首次举办了包括网球在内的四项球类运动会。1956年举行全国网球锦标赛,在获得了良好效果后,网球赛事在我国进一步升级为比赛更多、周期更长的联赛赛制,甚至还有升降级制度。除此之外,一时间网球赛事如雨后春笋般出现,如定期举办的全国网球单项比赛、全国硬地网球冠军赛、全国青少年网球比赛等。网球运动逐渐被民众所认识,进而参与的人群更多,如老年网球比赛、学校网球赛、少年网球赛等也蓬勃开展。可以说20世纪50年代中后期是我国网球运动蓬勃发展的时期。

然而对于现代体育来说,一味地闭门造车显然是不足以快速提升运动水平的。为此,1956年7月9日至8月17日,印度尼西亚网球队应邀来华进行访问比赛,双方先后在北京、天津、上海、南京、广州等地进行了24场比赛。这是新中国成立后举办的首次国际网球交流活动,此类活动极大促进了网球运动在中国的发展,同时也让世界重新认识了新中国网球运动的开展情况。

我国网球运动水平的又一次大发展时期是20世纪80年代,在这个时期,我国网球运动员在洲际赛场甚至世界赛场上取得了一系列令人瞩目的成绩。1986年第十届汉城亚洲运动会网球赛,我国李心意获女子单打冠军。1990年第十一届北京亚洲运动会网球比赛,我国运动员获3块金牌、3块银牌和1块铜牌(男子团体冠军、潘兵获男子单打冠军、夏嘉平和孟强华获男子双打冠军)。女子队参加1991年联合会杯网球团体赛,在58个参赛队中进入16强。

进入新世纪,我国网球运动开始进入到快速发展期。这一阶段取得的成绩更加具有说服力,在世界网坛也更具影响力。2004年雅典奥运会上,我国女子双打选手李婷、孙甜甜获得双打金牌,成为我国首个奥运会金牌获得者;郑洁、晏紫分别在2006年的法网和2010年的温网打进女单四强,此外,两人还合作双打获得了2006年澳网和温网的两项大满贯冠军,中国金花组合在本年度的世界网坛可谓风生水起。女子单打方面,中国"一姐"李娜夺得了2011年澳网的亚军和法网的冠军,三年后的2013年澳网,李娜再度折桂澳网冠军,成为了两夺大满贯女单冠军的首位亚洲选手。直到今天,我国女子网球运动的发展仍旧非常迅速,"中国金花"也已成为现今世界网球运动中的一股不可忽视的力量。

第三节 网球运动的基本特征

一、网球运动的发展特征

(一)获得更为广泛的开展和普及

对于一项运动的发展和普及程度如何,可以大概通过该项目协会的会员国的数量判断。截至 2016 年,国际网联注册会员国有 210 个,这一数字代表几乎全世界的国家都加入了这个单项运动组织。其中,中国是近年来网球运动开展得最为良好和顺利的国家,网球赛事不断举办,网球人口逐渐增加都证明了这一点,特别是青少年运动员的参与,更使得这项阳光体育运动受到众人瞩目。如今,在很多城市都有相应的青少年网球培训学校,指导青少年进行网球技战术的学习训练,网球运动也成为一项在大众中广受欢迎的运动项目。

(二)职业化和商业化程度进一步增强

在 1968 年以前,像奥运会这种大型的综合性运动会是始终坚持拒绝职业网球运动员参加比赛。然而随着体育职业化的发展壮大,为了保证运动会的质量和观赏性,相关组委会不得不为选手的职业身份亮出绿灯。另外,网球球星众多,每名球星身上都蕴含着巨大的商业价值。为此,这些球员参加的大赛,如四大满贯赛事或其他大奖赛、巡回赛和独资赞助的大赛,奖金数额均高得惊人。重奖之下必有勇夫,在巨额奖金刺激下,网球运动员更加热衷提升自身水平、刻苦训练。这就使得一时间网球运动获得了大发展的契机和动力。

商业化的发展更加催生了网球运动的职业化。在现代,一名优秀的网球运动员背后的保障团队就有将近 10 余人,这些成员分工有序,各司其职,负责运动员的运动训练、商业开发、资产管理、公关管理、医疗保障、体能恢复以及营养膳食等等。运动员能够取得成功,与其团队的努力是分不开的。如今,网球运动的职业化和商业化越来越明显,运动员取得成功,离不开职业化、商业化的团队运作。

(三)多样化的网球竞赛场地开始出现

早期的正规网球比赛的场地为草坪场地,而在此后的发展历程中,网球场地的材质也在不断地变化和增加种类。现代正式网球比赛的场地主要有草坪、硬地和红土三种。不同种类场地打球的球性不同,这点主要体现在球在触地后的弹跳线路的不同以及球员步法上面的差异。目前,在世界范围内,最常见的网球场地的质地为沥青混凝土涂塑硬质场地,该场地最大的特点是球落地后的速度较快,因此这种场地有利于进攻型打法球员的发挥;历史最悠久的英国温布尔登公开赛的比赛场地仍旧沿袭着草地质地,这种场地的特点为球速与弹跳的规律不同,对球员对球的判断提出了更高的要求;法网比赛的场地为红土场,这种球场对球员的步法有着较高的要求,由于红土的特性,可以使运动员做出更多的大跨步步法,这个步法带来的滑动效果可以使运动员救到更多角度刁钻的来球。

(四)技战术多样

在网球运动发展的几百年里,无论是其作为游戏,还是作为正式的比赛项目,它的技战术始终在不断进步和完善,其根本目的就是最大限度地限制对方的进攻以及最大限度地进攻对方。时至今日,网球技战术多样,种类繁多,应对不同情况的来球都有最为适合的回接方法。例如,网球运动最初大多数人为了保证击球力量,会选择双手握拍击球,然而随着运动员身体素质的提升以及技战术的需要,单臂击球技术逐渐增加,特别是有些女运动员也开始尝试使用单臂反手的击球技术,如此就大大提升了反手击球的速率和迷惑性。发球上网技术在快速场地上的运用,推动着接发球破网技战术的发展。在男子双打比赛中常见的接发球抢网战术更是很快出现在了混双甚至是女双比赛中,这使各项攻防技、战术达到空前的高水平。网球技战术多样性的特点始终会存在下去,并且运动员对网球技术的发展还会进行不断的探索,相信在未来还会出现更加具有观赏性和实用价值的技战术,这也是网球运动不停发展的重要标志之一。

(五)青年选手成才率高

综观世界网坛,目前的球星年龄逐渐呈现出年轻化的特征。众多球星成名较早,有些甚至在十七八岁的年龄就在某项赛事中击败知名选手一跃进入人们的视野。例如,德国天才选手格拉芙在其16岁那年就跻身世界前列,并于1987年获得年度总积分第一,登上世界女子网球排名的首位;1989年,法国网球公开赛男子单打冠军被美籍华人张德培夺得,震动了世界网坛,而当时张德培的年龄也仅仅16岁;接着南斯拉夫16岁姑娘塞莱斯脱颖而出,击败各国对手,荣获1990年法国公开赛冠军,此后也一度统治女子网坛多年;1997年有着"瑞士公主"之称的16岁小将辛吉斯登上世界女子排名第一的宝座,并且在此后相当长的一段时间内称霸女子网坛。

二、网球运动的理念特征

(一)积极而专注的态度

网球运动是一项涉及全身各部位的综合性运动。参加网球运动的运动者需要积极调动全身各个部位的肌肉和关节,要在每一个回合中将精力完全集中在判断来球和对手的各种变化上。出色的运动者往往具备积极而专注的态度,这种态度可以让他们从各种比赛困境中摆脱出来,将比赛重新掌控在自己的节奏中。

另外,对于网球这种小球类运动,它的特点在于球速快、旋转复杂、线路多变。因此,要求运动者具有高度的注意力。这种注意力大多体现在极为细微的动作掌控和手感之中,如在击球时,除了依靠日常反复训练形成的正确技术外,还要依靠稳定的手感,即手上直觉。网球运动的技术动作含量较高,如果没有进行过相应的训练,则其在球场上也仅仅只能是处于被对手支配的地位。

在打网球时,需要集中注意力,要认真对待每一个球。尤其是在比赛时,更加要求运动员注意力高度集中。

(二)耐心而不懈的毅力

网球运动技术难度相对较大,它对手感和控球能力有着较高的要求。初期尝试网球的人往往苦于捡球,如果没有得到正确的指导,会很快失去对网球的兴趣。并且,网球运动对参与者的身体耐力、协调和灵活等素质要求也较高,不下功夫进行练习是打不好网球的。

网球运动的动作技术每个环节都有其科学性和合理性,不同的位置、不同的来球,则会需要相应的技术进行应对。运动者要灵活控制自己的身体,并注意力量的控制。在学习技术动作时,应有充分的耐心,不急躁,体会动作技术的细节,掌握其基本规律。而在掌握了基本技术后,要想向更高级别的技战术发起挑战的话,更不是一蹴而就的。人们将网球运动的学习过程分为三个阶段,即兴奋阶段、痛苦阶段和幸福阶段。要想经过三个阶段,最终成为一个高手,必须持之以恒、循序渐进,付出更多的耐心和不懈的努力。

(三)务实而乐观的精神

在观看网球比赛时,常常被优秀球员的技术所折服。但是,这些明星球员的技术动作是经过长年累月的训练才取得的,而非一般人所能够掌握的。学习网球时,应该以自身的实际情况为出发点,不应脱离实际,好高骛远。只有脚踏实地进行训练,才能促进自身技术水平的不断提高。

对优秀的职业运动员进行学习和借鉴是必要的,但是简单的模仿是学不来的。相同的动作技术,可能是球员几十年训练的积累,超强的身体协调性和力量才能完成,只是简单的模仿是不可取的。

在进行网球训练时,可能在开始时会有一些不好的习惯,有些技术动作也是错误的,要提高自身的实力,需要改掉这些习惯和错误动作,这是一个螺旋上升的进步过程。运动者需要脚踏实地,以乐观的态度进行网球运动训练。

三、网球运动的技战术特征

技战术的发展是任何一项运动项目发展的重要标志之一。网球运动技战术经过百余年的发展,特别是在近几十年中,其技战术水平更是提升迅猛,并且表现出了诸多典型特征。

(一)预判性

在网球运动中,球的路线多变,旋转复杂,如果想在这种情况下做出正确的回击以及相应的战术调整,就需要头脑首先对来球的属性做一个预判,即能够根据对方的动作特征来预判来球的性质和落点,然后快速移动到位。预判对于包括网球运动在内的小球运动都是非常重要的环节,甚至每一次回球都是从预判开始的。越是高水平运动员,对于预判的水平越高,有些运动员甚至在自己回球的时候就已经预判出了对手回球的路线,从而直接移动到预判来球的线路等待击球,如此先人一步的判断当然会占据比赛的主动。因此,反应和预判能力是衡量一个运动员网球水平的重要方面。

（二）协调性

优秀的网球运动员其身体动作往往潇洒、舒展，给人以美的享受，这是其具有良好的协调性和平衡性的表现。身体的平衡能力在网球运动中有着诸多作用，如在跑动中的回接来球，如连续步法移动过程中的步法衔接等等。如果运动员身体平衡性不佳，直接带来的后果就是会降低移动速度和动作的稳定性，造成回球质量下降，给对手以可乘之机。优秀的运动员往往能够将一些刁钻的球以不可思议的方式救起，这是其能够很好地控制自己身体的表现。因此，这就要求在规范网球技术的训练结束后，还需要有针对性地进行一些协调性的身体素质训练。

（三）合理性

在网球比赛过程中，高水平运动员之所以表现出高水平，其中有一点不能忽视，那就是他们对技战术选择和体能分配等方面都表现出超高的合理性。这种合理性也得益于他们优秀的预判能力。例如，当出现连续底线对攻的局面时，对方一记加力攻反手大斜线，本方尽力移动步法但仍处于受迫回接的状态，此时如果仍选择反手对攻技术显然会对回球的稳定性有所影响，为此，优秀运动员可能首先会考虑将球稳妥的接回即可，于是便会选择相对更为稳妥的反手切削技术，并将球切削至对方反手大斜线位置，如此给对方造成最大的接球难度，此后再伺机寻觅扭转被动局面，如此就是一种展现技战术使用合理性特点的过程。

（四）移动性

网球运动看似一项用手臂击球为主的项目，但实际上，在网球训练中的一项原则就是欲动手、先动脚。这就足以说明了步法之于网球运动的重大意义。在网球运动中，只有及时地移动才能将身体在最短的时间内带到最佳的回球位置，为此良好的平衡和协调就是移动到位的基础素质。现代网球比赛的打法主要有两种,一种为发球上网型打法,另一种为底线对攻打法。无论哪种打法,都要求球员有绝佳的移动能力,如底线左右移动的能力,以及上网时前后左右移动的能力。在现代如此激烈的网球比赛中,能够做到不移动就能回接第二拍的几率已经不高了,所以在日常训练中,也应该更加强调步法的练习以及注意技术练习的移动性。

(五)有效性

网球运动技战术拥有有效性的特征。这就是说,网球运动中的多种技战术都有其存在的意义,每种技战术都是为了应对特定来球而"生"的。再从运动理论的角度来看,网球运动在击球时,其每一次击球都是由身体控制和自身力量控制这两方面决定的,并不是力量越大取得的效果越好,应对力量和身体进行良好的控制,力争每一次击球都能打到球拍的"甜点",如此代表用最恰当的力打出最优的效果。对于战术也是如此,这需要根据对手的特点和特长技术,选择克敌之短、扬己之长的打法。这些都是网球技战术有效性的重要表现。

第四节　网球运动的未来发展趋势

一、网球运动的商业化与职业化趋势将更加明显

在过往的比赛中,一些世界大型的网球赛事始终不允许职业选手参加。1968 年,这一禁令终于被打破。由于职业选手的参加,导致世界网坛的竞争力一下提升了一个档次,商业团体看到其中的商机后纷纷开始赞助观赏性较高的网球赛事。当今四大满贯赛事和不同级别的大奖赛、巡回赛、大满贯和独资赞助的大赛,奖金数额巨大。在高额奖金刺激下,这也成为激励运动员在

技战术和综合运动能力方面追求卓越的最大动力。

二、运动员的竞技能力全面而同步发展

运动员的竞技能力大致由技能、体能和心智能三个方面构成。网球运动恰恰对这三项运动员需要掌握的技能都有着较高的要求,因此,我们看到的国际网坛中的优秀运动员大多是上述能力都非常均衡的类型,如德约科维奇、纳达尔、费德勒等。但凡其中一种能力出现短板,都很难在强手如林的现代网坛巩固住自己的一席之地。

三、运动员的技术更加全面、精细

沥青混凝土涂塑硬场地,球速快,适于进攻型打法,它广泛使用于各大赛。英国的温布尔登是草地球场,法国公开赛仍用土地球场,还有人造草地、合成材料的地毯等新型场地,多种不同性能的场地的球速和弹跳规律不同,跑动步法和调整方式也不同,要求运动员具有广泛的适应能力,这促进了运动员的技术更加全面。另外,由于在现代的网球运动中,赛事频繁,对抗日益激烈,在比赛中,运动员之间的攻防矛盾经常转换,主动与被动经常交替。为了适应这种制约与反制约的需要,运动员也必须力求技术全面。

除此之外,网球运动员对其所掌握的技术开始朝着更加精细化的方向有所追求,以此期望自身的技术能够在比赛中表现得更加细腻、可靠,而这在高水平运动员之间的对抗中可以说是决定比赛胜负的关键。以发球技术为例,当今网球运动的发球技术尽管仍旧非常看重球速,特别是一发的球速,但同时,球员也更加注意发球的准确性和实效性,这就是一种追求技术精细化的表现。另外,随着球体的增大,击球的回合不断增加,运动员很难再像以往那样仅凭大力击球就可以击败对手,而是更多地通过提早预判、提前移动、快速回击的方式在节奏上占先,以此作为占据比赛

主动的关键因素。

四、各项攻防技、战术不断创新和发展

技战术的创新是任何体育项目获得发展的关键内容。在技术上,双手反拍大大加强了反拍的攻击力,而后在运动员身体素质允许的情况下,单手反拍又大大提升了反手回球的突然性与攻击性。此外,正手攻击性上旋高球现已发展为反拍攻击性上旋高球,这给球员在被动中获得调整与反击带来了可能。还有,如在受迫情况下的鱼跃截击球技术、反手高压、胯下击球及双打中的扑抢网技术、用快速起跳高压来对付攻击性上旋高球等高难技术不断出现,这些动作的出现一方面可以带来实实在在的实战效果,另一方面还可以愉悦观众,让他们被运动员的精湛技艺所折服。

五、女子动作男性化

现代女子网坛可谓是网球中一个非常有看点的项目。这种特殊主要在于女选手美丽的容貌和高超球技的结合,展现给观众另一种美和技艺的享受。但无论如何,外表的美丽也无法掩盖自身的实力,女子网球技术的发展也没有间断,它紧随男子技术的发展而来。现如今,女子选手的身体素质大幅提升,原先女子所不能涉及的技术现在也已经被不少球员掌握,甚至过去一些标准的男性化动作已经成为了女子的普遍技术。例如,有着"黑珍珠"之称的美国选手威廉姆斯姐妹,他们的发球时速最高能达到令许多男选手也咋舌的每小时 200 千米左右,而更让其他选手绝望的是,这种力量型女子选手不仅在力量素质上占据绝对优势,其在技术上也丝毫不落下风,技战术没有明显漏洞,再加上她们灵活的步法,充沛的体能,使她们长期占据网坛的霸主地位。由此可见,这种女子动作男性化的趋势将会延续下去,成为女子网球发展的重要方式。

第二章 网球运动的重要组织与著名赛事

现代网球运动发展至今已经有近 200 年的历史,网球运动发展迅速,它从最初的运动游戏发展成为竞技运动,并走向商业化和职业化的发展道路。在网球运动的发展过程中,网球运动组织和赛事的举办直接推动了网球运动的发展。本章重点对网球运动重要组织与赛事进行详细阐述。

第一节 网球运动的国际组织

一、国际网球联合会(ITF)

(一)起源与发展

国际网球联合会(International Tennis Federation,ITF),其前身是国际草地网球联合会(International Lawn Tennis Federation,ILTF)。

ITF 于 1913 年 3 月 1 日在巴黎成立,是成立最早的国际网球组织,初始成员协会有 12 个,成员协会国家主要集中在欧洲,充分显示了欧洲网球运动水平在当时处于领先地位。

1923 年 3 月,ILTF 发布了世界上第一份正式的网球比赛规则。次年,其被公认为负责组织全世界网球比赛的领导机构。

1968 年,ILTF 创办了一项名为"世界网球锦标赛"(WCT),

网球运动赛事从此进入了职业化的公开赛时期。

1977年,国际草地网球联合会(ILTF)正式改名为国际网球联合会(ITF),总部位于伦敦,目前,ITF是世界上最大的体育组织之一,其图形标志如图2-1所示。

图 2-1

(二)结构构成

目前,ITF的结构共分为四部分,具体如下:

第一部分——各大洲、各国家和地区的网球协会以及ITF年会机构。

第二部分——董事会,有包括主席在内的12人组成,是ITF的核心机构,董事会的成员每两年改选一次。

第三部分——执行官员,由包括在伦敦总部和世界各地办事机构任职的80人组成。

第四部分——各项事务的委员会和组织机构,如戴维斯杯、联合会杯、女子巡回赛、青少年竞赛等赛事委员会,以及财政委员会、教练组织机构、媒体关系机构、运动医学机构、技术研究机构、发展指导团体等。

(三)主要职责

(1)举办网球国际比赛。

(2)制定与修改国家网球比赛规则。

(3)培养与培训国际网球运动教练。

(4)协调各国网球协会关系,指导各国网球协会开展本地区的各项网球运动工作。

(5)协调世界各类网球比赛。

(6)管理世界各类网球赛事。

(7)促进网球运动的全球普及。

二、世界男子职业网球协会(ATP)

（一）起源与发展

世界男子职业网球协会(Association Tennis Professional，ATP)又称国际职业网球协会(ATP)，是世界范围内的网球运动的"球员工会"。在此之前，业余和职业网球界的组织主要是国际网联(ITF)和男子网协(MTC)。

20世纪80年代以来，网球员的职业化发展速度，各种网球大奖赛、表演赛层出不穷，由于各大赛事之间的时间缺乏协调，导致各运动员疲于奔波，严重影响了比赛成绩，也在很大程度上影响了赛事质量，这时迫切需要一个"球员工会"出现，帮助网球运动员合理安排组织赛事，世界职业网联，即ATP应运而生。

ATP成立于1972年，该协会在1972年美国公开赛上成立，总部设在美国的佛罗里达(图2-2)。

图 2-2

其实，早在ATP成立之初，由ATP的执行总裁、著名运动员杰克·克雷默，著名网球运动员韦兰德、马约特，美国前总统卡特首席秘书汉密尔顿·乔丹曾联手制定"十字路口的网球发展计划"，对网球运动的发展提出了远见，可惜的是并未被人认同。

1988年的美网比赛期间，由于主办方禁止ATP使用美网的设施,克雷默和他的球员工会不得不在一片停车场上召开了决定网球命运的一次会议。在这次"停车场会议"上,ATP 宣布接管网球运动,创办新的巡回赛,由球员自己担任主角和承担义务。此后获得诸多运动员的支持,1989 年以后,ATP 掌管了除四大公开赛和戴维斯杯以外的所有高水平男子职业网球赛事。

(二)两次重大改革

1. 排名榜的改革

为了提高赛事的水准,马克·迈尔斯率先改革了以往的平均体系排名,避免了优秀球员的参赛次数的下降,鼓励运动员多参赛。

同时,为了鼓励运动员参赛,但又有效避免一些网球运动员通过参与比赛进行单纯的积分,ATP 在 2000 年推出了一种新的积分体系,即"最佳 14 项积分体系",取代了原有的旧积分系统并在此后比赛中运用新积分体系对各运动员进行积分,由此形成全新的冠军排名系统,结合 ATP 的新积分系统和最新积分规定,运动员如果排名可直接进入网球大满贯或大师赛,符合这两个系列赛事的报名标准,则运动员参赛可获得积分,无论是否参赛或得奖。

新的排名系统有效地刺激了球员参赛,并使网球运动吸引了无数球迷的关注,更吸引了许多网球的赞助商认清排名卖点,积极赞助网球赛事。

新的排名简捷、易行,但在全面反映全年度球员成绩和技术水平方面还存在一定的不足。为客观公正地确定球员实际水平和参赛资格,ATP 决定新排名与旧的积分排名法同时使用,极大地提高了球员参赛的积极性。

目前,ATP 每周会公布两个排名,一是每周滚动积分排名——俗称"世界排名",另一个是本赛季累积积分排名——俗称"ATP 冠军积分"。

2.赛制的改革

随着网球运动的职业化发展进程的加快,越来越多的网球运动赛事登上国际赛事舞台,这虽然是网球运动发展进步的表现,但是,众多职业赛事的扎堆举办使得网球运动员只能参加其中的一项或两项赛事,这就导致许多优秀网球运动员之间对抗的机会有所减少。

此外,众多职业网球赛事的举办,使得运动员承受排名榜压力较大,许多球员超负荷运转,网球运动员伤病情况和弃权情况逐渐增多,严重影响了网球运动赛事水平,也使得网球运动爱好者关注赛事兴趣不高,网球赛事面临失去市场的潜在危机。

为了改变上述情况,实现"以少促质","超级巡回赛计划"诞生,原有的11起最高水平的网球运动赛事减至9起,即后来的"超九"赛事。

为了保证网球赛事质量,ATP在充分考虑场地、资金和观众等因素的基础上,与世界排名前十名的选手签订合同,要求这些球员必须出席"超九"赛事。

之后,"超九"赛事改为大师系列赛(九站),1990年,改称大师赛。

2000年,ATP世界锦标赛的年终总决赛,改为年终大师杯决赛。

网球运动赛事的精简以及全明星阵容,保证了网球运动赛事的高质量与高水平,网球运动赛事的商业价值不断增加。

全年的巡回赛大约近70项。巡回赛奖金分别为:国际系列赛的总奖金为40~100万美元。国际黄金系列赛的总奖金为80~100万美元。大师系列赛为240~345万美元,大师杯为445万美金。挑战系列赛按总奖金分为以下多个不同的类型,并免费为参赛的运动员提供食宿,全年的挑战赛多达几十项。

(三)主要职责

ATP的主要职责如下:

(1)协调运动员与赛事间关系。
(2)管理运动员的积分、排名、分配奖金。
(3)制定 ATP 系列赛事规则。
(4)允许或取消运动员参赛。

三、国际女子网球协会(WTA)

(一)起源与发展

国际女子网球协会(WTA)的英文全称为 Women's Tennis Association,它是世界女子职业网球选手的自治组织。

WTA 成立于 1973 年,当时,受男子职业网球协会(ATP)的影响,以著名网球女选手比莉·简·金为首的 8 名职业选手,为维护职业网球女球员的利益,自筹资金成立 WTA(图 2-3),WTA 的总部设在佛罗里达的圣彼德斯堡。目前,康涅狄格州是 WTA 的主要办公地,同时,WTA 在欧洲还设有分支机构,负责与总部进行联系,在总部的指导下推广欧洲女子网球运动。

图 2-3

2001 年 9 月,比莉·简·金(金夫人)代表 WTA 正式宣布:原耐克全球副总裁凯文·沃尔夫出任 WTA 首席执行官一职。在沃尔夫的经营下,WTA 成为公认女性体育竞技运动项目中最有商业价值的组织。

沃尔夫在职期间,由于始终未能认真处理好与 ATP 之间的关系,对网球运动赛事的过度商业炒作也使 WTA 的各项赛事备受争议,加上阿迪达斯的重金聘用,沃尔夫最终选择离开了 WTA。

2003 年 3 月 29 日,ATP 原首席运营官的拉里·斯科特接任 WTA 首席执行官,他在 ATP 期间与奔驰公司建立了长达 10 年的合作协议。他与中国上海合作,成功举办了2002年上海大师杯总决赛,同时,WTA同ATP之间的紧张关系也有所缓解。

女子网球市场潜力巨大,有利于女子网球运动推向更高的水平,作为女子网球运动的组织和管理者,WTA有责任做好女子网球运动的市场经营。

当前,WTA项的赛事系统比较简单,按奖金数额分为1—4级。全年WTA的巡回赛约60余项。北京的"中国网球公开赛"女子比赛属于WTA的2级比赛。

从2005年起,WTA将年度比赛改名为索尼爱立信WTA巡回赛。

WTA的排名办法与ATP基本相同,采用两套排名系统:一为传统的世界排名(即52周排名),一为WTA的年度排名(称保时捷排名)。

就女子网球运动发展现状来看,由于女选手间的实力差距较大,为了鼓励低排名选手向高排名选手发起挑战,WTA保留了"奖励分"规则(在2000年废除了奖励分)。

未来,WTA的发展目标是缩短赛程,保证顶尖选手参加大赛,提高竞争水平,扩大网球在世界的普及,提高奖金数额,减少强制参赛的数量。

(二)结构构成

WTA由一个主席和一个董事会来管理,理事会是WTA的核心机构。

WTA的组织结构成员多数是现役球员,另外还有一些是商业顾问。同ATP一样,WTA决定整个巡回赛的所有规则,负责所有球员的问题。

30多年来,WTA一直独立负责职业女子网球选手的参赛、排名、积分和奖金分配,经营WTA的赛事,制定比赛规则,维护女子网球运动员的正当权益。

（三）主要职责

WTA 主要负责世界女子职业网球运动员事务，它的职责主要集中在以下几个方面：

(1) 负责协调球员与比赛的关系。

(2) 负责运动员的积分、排名、奖金管理等。

(3) 负责赛事的组织与管理。

第二节　网球运动四大公开赛

一、温布尔登网球公开赛(Wimbledon Open)

（一）赛事发展历程

温布尔登网球公开赛是一项古老的赛事（图 2-4），在四大网球公开赛事中开展时间最早，作为网球运动的发源地，温布尔登最早开展网球比赛具有良好的基础。

温布尔登网球公开赛标志
图 2-4

1877 年，草地网球锦标赛首次举办，当时只设男子单打，冠军奖杯为"挑战杯"，1884 年开始，比赛增设女子及双打项目。在 19 世纪 80 年代之前只允许英国人参赛。

19 世纪 80 年代中期，为了迎合越来越多的球迷观看网球运动赛事的需要,全英俱乐部决定修建永久性看台,为温网的进一步扩大发展奠定了良好的物质基础。

1905年,温布尔登公开赛中,第一次由非英籍女子网球运动选手夺冠,1907年,首次出现非英籍男子冠军。从1924年开始,为提高质量,比赛设种子选手。

进入20世纪30年代中期,英国人在温网中迎来他们最后的辉煌,1937年和1938年,美国选手唐·布奇和海伦·威尔斯成为第一对在温网包揽男、女单打冠军的外国人,此后,温网的竞争越来越激烈,温网迎来了越来越多的外国选手参与。

1959年,为了顺应世界网球运动发展的潮流,温网向所有网球运动职业和业余选手敞开,并于1968年国际网联和草地网联的首肯下,正式采用"公开赛"的名称。

进入21世纪,温网已经发展成为一项国际性网球运动赛事,是大满贯赛事之一。

作为最古老和最有声誉的赛事,温布尔登大赛具有永恒的魅力。

(二)奖杯、积分、历届冠军

1. 奖杯

温布尔登网球男子单打冠军的奖杯为"挑战者杯",高18英寸,为镀金奖杯。

温布尔登网球女子单打冠军的奖品为一个银盘,直径约19英寸,中文称为"玫瑰露水盘"。

2. 积分

2016年,温布尔登网球公开赛的总奖金为2 810万英镑,是2010年的两倍。积分方面,以2016年赛事为例,具体积分见表2-1。

第二章 网球运动的重要组织与著名赛事

表2-1　2016年温布尔登网球公开赛积分

轮次	男子单打	男子双打	女子单打	女子双打
冠军	2000			
亚军	1200		1300	
半决赛	720		780	
1/4决赛	360		430	
第四轮	180	——	240	——
第三轮	90	180	130	240
第二轮	45	90	70	130
第一轮	10	0	10	10

3.历届冠军

2000年至2016年温布尔登网球公开赛男女单打冠军见表2-2。

表2-2　温布尔登网球公开赛冠军榜(2000—2016年)

年份	男单冠军	女单冠军
2000	皮特·桑普拉斯(美国)	维纳斯·威廉姆斯(美国)
2001	戈兰·伊万尼塞维奇(克罗地亚)	维纳斯·威廉姆斯(美国)
2002	莱顿·休伊特(澳大利亚)	塞雷娜·威廉姆斯(美国)
2003	罗杰·费德勒(瑞士)	塞雷娜·威廉姆斯(美国)
2004	罗杰·费德勒(瑞士)	玛利亚·莎拉波娃(俄罗斯)
2005	罗杰·费德勒(瑞士)	维纳斯·威廉姆斯(美国)
2006	罗杰·费德勒(瑞士)	艾米莉·毛瑞斯莫(法国)
2007	罗杰·费德勒(瑞士)	维纳斯·威廉姆斯(美国)
2008	拉菲尔·纳达尔(西班牙)	维纳斯·威廉姆斯(美国)
2009	罗杰·费德勒(瑞士)	塞雷娜·威廉姆斯(美国)

续表

年份	男单冠军	女单冠军
2010	拉菲尔·纳达尔（西班牙）	塞雷娜·威廉姆斯（美国）
2011	德约科维奇（塞尔维亚）	科维托娃（捷克）
2012	罗杰·费德勒（瑞士）	塞雷娜·威廉姆斯（美国）
2013	安迪·穆雷（英国）	巴托丽（法国）
2014	德约科维奇（塞尔维亚）	科维托娃（捷克）
2015	德约科维奇（塞尔维亚）	塞雷娜·威廉姆斯（美国）
2016	安迪·穆雷（英国）	塞雷娜·威廉姆斯（美国）

二、法国网球公开赛（French Open）

（一）赛事发展历程

法国网球公开赛诞生于19世纪末，法网创始于1891年，女子项目始于1897年，比温布尔登锦标赛晚14年。

1912年，法网更名为世界红土网球锦标赛，让法国选手有机会在世界网坛一展身手，改变了温网一枝独秀的局面。最开始法网只允许法国人参加，1925年后对外开放，成为公开赛。法国网球公开赛的比赛时间为每年5月的最后一周（图2-5）。

综观法网的发展历史，真正让法国网球开始走向世界的是1928年罗兰·加洛斯球场的落差，为庆祝1927年戴维斯杯决赛中法国队的胜利，政府决定修建法国最大的网球场，并利用成功驾机横穿地中海的一战时期的法国英雄罗兰·加洛斯命名这座新球场。

此后，法网赛事固定在巴黎罗兰·加洛斯体育场举办，这一古老的体育场建筑宏伟、典雅独特，成为世界网球运动员都十分向往的比赛圣地。

法国网球公开赛标志
图 2-5

  法国网球公开赛的场地是红土场地,网球运动在这种场地上比硬场地弹得高,但速度慢,对于移动灵活、底线击球稳定、有耐心的球员十分有利,能使球员以敏捷的脚步移动来弥补力量的不足,并能有效减少运动员的膝部和踝关节运动损伤。

  我国网球运动员李娜在 2011 年法网比赛中斩获女单冠军,实现了网球运动史上的历史性的突破,是我国、也是亚洲首位大满贯赛事冠军。2014 年,彭帅搭档谢淑薇夺得法网女双冠军,这是我国选手第一次获得女双冠军。

(二)奖杯、积分、历届冠军

1. 奖杯

  法网男子单打冠军的奖杯为"火枪手杯",法网女子单打冠军的奖杯为"苏珊·朗格朗杯"。

2. 积分

  网球运动奖金高是使该项运动项目备受关注的重要原因之一,近些年,网球运动赛事奖金更是持续上涨。2016 年法国网球公开赛的总奖金为 3 201.75 万欧元(约合 2.35 亿元人民币),与 2015 年相比,增幅 14%。男女单打冠军的奖金为 200 万欧元,与

2015 年相比提高了 20 万欧元。

法网积分详见表 2-3。

表 2-3　法国网球公开赛积分

成绩	积分（男/女）	成绩	积分（男/女）
冠军	2000	冠军	2000
亚军	1 200/1 400	亚军	1 200/1 400
四强	720/900	四强	720/900
八强	360/500	八强	360/500
16 强	180/280	16 强	180/280
32 强	90/160	32 强	90/160
第二轮	45/100	64 强	0/5
第一轮	10/5	成绩	积分（男/女）

注：此为 2014 年法网详细积分情况。

3. 历届冠军

2000 年至 2016 年法国网球公开赛男女单打冠军见表 2-4。

表 2-4　法国网球公开赛冠军榜(2000—2016 年)

年份	男单冠军	女单冠军
2000	古斯塔沃·库尔滕（巴西）	玛丽·皮尔斯（法国）
2001	古斯塔沃·库尔滕（巴西）	珍妮弗·卡普里亚蒂（美国）
2002	阿尔伯特·科斯塔（西班牙）	塞雷娜·威廉姆斯（美国）
2003	胡安·卡洛斯·费雷罗（西班牙）	贾斯汀·海宁（比利时）
2004	加斯顿·高迪奥（阿根廷）	阿纳斯塔西娅·米斯金娜（俄罗斯）
2005	拉菲尔·纳达尔（西班牙）	贾斯汀·海宁（比利时）
2006	拉菲尔·纳达尔（西班牙）	贾斯汀·海宁（比利时）
2007	拉菲尔·纳达尔（西班牙）	贾斯汀·海宁（比利时）
2008	拉菲尔·纳达尔（西班牙）	阿娜·伊万诺维奇（塞尔维亚）
2009	罗杰·费德勒（瑞士）	斯沃特拉娜·库兹涅佐娃

续表

年份	男单冠军	女单冠军
2010	拉菲尔·纳达尔（西班牙）	斯沃特拉娜·库兹涅佐娃
2011	拉菲尔·纳达尔（西班牙）	李娜（中国）
2012	拉菲尔·纳达尔（西班牙）	玛利亚·莎拉波娃（俄罗斯）
2013	拉菲尔·纳达尔（西班牙）	塞雷娜·威廉姆斯（美国）
2014	拉菲尔·纳达尔（西班牙）	玛利亚·莎拉波娃（俄罗斯）
2015	斯坦·瓦林卡（瑞士）	塞雷娜·威廉姆斯（美国）
2016	诺瓦克·德约科维奇（塞尔维亚）	加尔比妮·穆古拉扎（西班牙）

三、美国网球公开赛（US Open）

（一）赛事发展历程

美国网球公开赛在世界网坛具有重要的影响力，其前身是"全美冠军赛"，每年举办一届。

美国网球公开赛1881年首次举办，当时只有男子项目，1887年增设女子项目，1968年成为公开赛（图2-6）。1887年，首届女单比赛在费城举办，1889年，女双也加入美网。1892年，混双比赛在美网正式登场。

1968年，美国网球锦标赛正式更名为美国公开赛，五个单项赛事向全世界的网球运动员打开大门。

美国网球公开赛标志

图 2-6

2004年4月20日,美国网球协会在纽约公布大美网系列赛,其本质上是美国网球公开赛前一系列北美硬地赛事的松散结合,这些赛事之间依靠积分体系和奖金分配方案联系在一起,高额奖金鼓励更多的网球运动选手参赛,也使得越来越多的美国人开始关注网球。

美网公开赛和其他网球公开赛相比,更富有激情和活力,赛事举办期间,许多网球运动爱好者会举办多种庆祝活动,观众观赛的热情非常高涨。

(二)奖杯、历届冠军

1.奖杯

和四大满贯赛事的其他三项赛事不同,美网的奖杯经常更换,并不固定。

2.历届冠军

2010年至2016年美国网球公开赛历届单打冠军如表2-5所示。

表2-5 美国网球公开赛冠军榜(2010—2016年)

年份	男单冠军	女单冠军
2010	纳达尔(西班牙)	克里斯特尔斯(比利时)
2011	德约科维奇(塞尔维亚)	斯托瑟(澳大利亚)
2012	穆雷(英国)	塞雷娜·威廉姆斯(美国)
2013	纳达尔(西班牙)	塞雷娜·威廉姆斯(美国)
2014	西里奇(克罗地亚)	塞雷娜·威廉姆斯(美国)
2015	德约科维奇(塞尔维亚)	佩内塔(意大利)
2016	斯坦尼斯拉斯·瓦林卡(瑞士)	安杰利克·科波尔(德国)

四、澳大利亚网球公开赛(Australian Open)

(一)赛事发展历程

澳大利亚网球公开赛,简称澳网,是网球运动四大满贯赛事之一,是四大满贯最年轻的赛事,在每年的四大满贯赛事中是最先举办的赛事,因此使得该赛事备受球迷、运动员以及赛事组织者的关注。

澳网的男子比赛创建于1905年,女子比赛于1922年创建。1905年澳大利亚网球公开赛初创时,比赛采用的是草地网球场,从1988年开始,改为硬地网球场(图2-7)。

澳大利亚公开赛标志
图 2-7

澳大利亚网球公开赛的前身是澳大利亚网球锦标赛,在澳网的最初几十年里,比赛在澳大利亚各个城市轮流举行。随着世界网球运动进入公开赛时代,1968年,澳大利亚网球锦标赛重新命名为澳大利亚网球公开赛。1972年开始,澳网开始固定在其出生地墨尔本举办。目前,澳网比赛时间是在每年1月的最后两周举办。

2005年,澳网度过了其百年生日。但是在这一百年中实际上只举办了93届赛事,和其他大满贯赛事相比,澳网是变故最多的赛事,其因两次世界大战停办了8年,另外1977年举办了两届,而1986年又停办了1年。

2010年,罗杰·费德勒夺得澳网冠军,这是他第四个澳网冠军。

2011年、2013年,我国优秀网球运动选手李娜两次闯进女单决赛。

2012年,"生于"1905年的澳网迎来了它的第100届赛事,网球运动发展已经达到了一个非常高的水平。

2014年,我国网球运动选手李娜在女单决赛中,力克齐布尔科娃,勇夺冠军,这也是其职业生涯中的第二个大满贯冠军。

2017年,澳大利亚公开赛,吸引了全世界网球运动爱好者的关注,各地优秀网球选手齐聚于此,为全世界网球运动者奉献上一场精彩绝伦的视觉盛宴。我国网球选手段莹莹首进大满贯32强,张帅遗憾止步第二轮。

澳网比赛期间为夏季,气温非常高,同时,鉴于澳大利亚特殊的地理环境,天气多变,因此,比赛期间,不仅需要运动员具备良好的运动技能,还需要具备良好的心理素质和环境适应能力,否则很容易在比赛期间受自然气候环境影响而导致在比赛过程中不能正常发挥水平。

此外,澳网的比赛场地为硬地球场,同其他网球公开赛的场地又有区别,这种场地适用各种选手,给予了各种风格、类型的网球运动选手以良好的发展空间和机会。

(二)奖杯、积分、历届冠军

1. 奖杯

在澳网比赛中,获得单打冠军的选手,会在给其颁发的奖杯上永久性保留其名字,男女奖杯不同,男子为"诺曼布鲁克斯挑战杯"(Norman Brookes Challenge Cup);女子为"达芙妮阿克赫斯特纪念杯"(Daphne Akhurst Memorial Cup)。这两个奖杯都是为了纪念澳大利亚的优秀网球运动选手而命名的。

2. 积分

澳网比赛中,根据运动员的出局轮次进行排名积分,积分累

第二章 网球运动的重要组织与著名赛事

计入 ATP 和 WTA 的排名系统中(表 2-6)。

表 2-6 澳大利亚公开赛选手积分

轮次	男子单打	女子单打	男子双打	女子双打
冠军	2 000	2 000	2 000	2 000
亚军	1 200	1 300	1 200	1 300
半决赛	720	780	720	780
四分之一决赛	360	430	360	430
第四轮	180	240	N/A	
第三轮	90	130	180	240
第二轮	45	70	90	130
第一轮	10	10	0	10

3. 历届冠军

2000 年至 2016 年澳大利亚网球公开赛男女单打冠军见表 2-7。

表 2-7 澳大利亚网球公开赛冠军榜(2000—2016 年)

年份	男单冠军	女单冠军
2000	安德烈·阿加西(美国)	林赛·达文波特(美国)
2001	安德烈·阿加西(美国)	珍妮弗·卡普里亚蒂(美国)
2002	托马斯·约翰森(瑞典)	珍妮弗·卡普里亚蒂(美国)
2003	安德烈·阿加西(美国)	塞雷娜·威廉姆斯(美国)
2004	罗杰·费德勒(瑞士)	贾斯汀·海宁(比利时)
2005	马拉特·萨芬(俄罗斯)	塞雷娜·威廉姆斯(美国)
2006	罗杰·费德勒(瑞士)	阿梅莉·毛瑞斯莫(法国)
2007	罗杰·费德勒(瑞士)	塞雷娜·威廉姆斯(美国)
2008	诺瓦克·德约科维奇(塞尔维亚)	玛利亚·莎拉波娃(俄罗斯)
2009	拉菲尔·纳达尔(西班牙)	塞雷娜·威廉姆斯(美国)
2010	罗杰·费德勒(瑞士)	塞雷娜·威廉姆斯(美国)

续表

年份	男单冠军	女单冠军
2011	诺瓦克·德约科维奇（塞尔维亚）	吉姆·克里斯特尔斯
2012	诺瓦克·德约科维奇（塞尔维亚）	维多利亚·阿扎伦卡（白俄罗斯）
2013	诺瓦克·德约科维奇（塞尔维亚）	维多利亚·阿扎伦卡（白俄罗斯）
2014	斯坦尼斯拉斯·瓦林卡（瑞士）	李娜（中国）
2015	诺瓦克·德约科维奇（塞尔维亚）	塞雷娜·威廉姆斯（英国）
2016	诺瓦克·德约科维奇（塞尔维亚）	安杰利克·科波尔（德国）

第三节 ATP系列赛与WTA顶级赛

一、ATP系列赛事

（一）大师杯赛

网球大师杯赛（Tennis Masters Cup）是一项网球锦标赛，参赛者为ATP前八名选手，比赛成绩不影响运动员的世界排名。网球大师杯赛在每年的年底举行。

2008年，上海举办的网球大师杯赛是历史上最后一届网球大师杯赛，从2009年开始，该项赛事更名为"ATP世界巡回总决赛"，举办地为伦敦。

网球大师杯赛的比赛赛制采用小组单循环形式。

（二）国际巡回赛

网球国际巡回赛在ATP中属于低级别的赛事，ATP的网球运动员的积分也只计算该级别及其以上的赛事成绩。

在积分方面，国际巡回赛的冠军、亚军、四强的积分分别为40个积分、28个积分、18个积分。

(三)国际黄金系列赛

网球国际黄金系列巡回赛是 ATP 系列赛事中比较高级的赛事,它是比普通巡回赛高一个档次的比赛,因此,在此类赛事中,球员获得的积分和其他赛事相比也较高,相对来说奖金也较高。国际巡回赛比赛共包含了 9 个站的大师赛。

在积分方面,网球国际黄金系列巡回赛的冠军、亚军、四强的积分分别为 50 个积分、35 个积分、22 个积分。

二、WTA 顶级赛事

WTA 顶级赛事主要有十项,主要包括东京泛太平洋公开赛、太平洋寿险杯赛、迈阿密纳斯达克—100 公开赛、家庭生活圈杯赛、德国公开赛、罗马公开赛、阿库拉精英赛、加拿大公开赛、克里姆林杯赛、瑞士电讯杯赛。这里重点介绍以下几项赛事:

(一)东京泛太平洋公开赛

东京泛太平洋公开赛始于 1984 年,是亚洲最重要的女子网球公开赛。在开始的几届比赛中,比赛时间不固定,之后随着赛事的规范化,固定在每年的 1 月末举行。

东京泛太平洋公开赛的举办地为日本首都东京(1993 年在横滨),该项赛事设高额的奖金,吸引了世界优秀女子网球运动员参赛,通过参与该项比赛,所获得的积分计入 WTA 总积分。

(二)德国公开赛

德国网球公开赛每年 5 月上旬举办,固定的举办地点为德国首都柏林西南部的格吕内瓦尔德,是一项重要的红土赛事。

德国网球公开赛比赛项目设女子单打和女子双打两项。东道主名将格拉芙曾创下 9 次女单冠军纪录。之后,随着格拉芙的退役,德国女子网球一蹶不振,德国公开赛也陷入面临停办的尴尬。

2001年，德国网球协会将德国网球公开赛的主办权转让给卡塔尔，赛事更名为"卡塔尔女子网球德国公开赛"。

（三）罗马公开赛

罗马公开赛是一项女子网球赛事，也是一项红土赛事，每年5月中旬在意大利罗马举行。与5月举办的德国公开赛衔接，罗马公开赛是法网开赛前重要的热身赛。

（四）加拿大公开赛

加拿大公开赛设高额奖金，是世界最顶级网球赛事之一，也是女子网球十大巡回赛之一，轮流在蒙特利尔和多伦多举办，每年的8月中旬举办，是美网的重要热身赛。

加拿大公开赛始于1892年，是世界上历史最悠久的网球比赛之一，其历史仅次于温网。

（五）家庭生活圈杯赛

家庭生活圈杯赛始于1973年，由著名的《家庭生活周刊》出资赞助举办，是网球运动巡回赛中资历比较老的赛事之一，也是全年仅有的两站绿土比赛之一（另一站为博士伦杯），其于每年4月中旬在美国南卡罗来纳州查尔斯顿举行，比赛所设总奖金也非常高，是世界上第一个总奖金达到10万美元的比赛。

（六）克里姆林杯赛

克里姆林杯赛由俄罗斯前总统叶利钦亲自发起，由瑞士商人Sasson Kakshouri赞助，于每年10月中旬在俄罗斯莫斯科举行。

克里姆林杯赛始于1990年，早期称为莫科斯女子网球公开赛，1996年更名为克里姆林杯赛。该项赛事对提升俄罗斯的女子网球水平发挥了积极作用。

第四节　网球运动欣赏

一、网球运动欣赏价值

(一)愉悦身心

网球运动可以令运动者体验运动的快乐,令其身心愉悦。观赏网球运动也能实现与运动者同样的身心影响效果。

网球运动技术的千变万化,使网球运动有很高的观赏性,网球运动中每一分的角逐都十分激烈,有可能持续几十回合,双方对抗较长时间,运动员在比赛中的技术、战术、心理、精神等表现,都充分展现了网球运动的运动美。

网球运动比赛是精彩绝伦的,其运动美的表现是全方面的、立体化的,具体来说,在运动员的竞技或表演过程中,以自己的能力、才智、战术、风格在创造美、表演美时,观众能充分感受到运动员的精湛球技、球艺以及顽强的精神,引起观众的心理共鸣,使观众感受到运动比赛的畅快淋漓。

(二)陶冶情操

观赏网球运动竞赛可以满足精神快乐,可以培养和陶冶关众的道德情操。

在网球运动比赛中,运动员精彩的表现和顽强的拼搏、巧妙的技战术运用等,都能使观赏者领悟到网球运动的魅力,从而被深深地吸引。

网球运动竞争激烈,运动者获得每一分都非常不易,取得比赛的最终胜利更是值得欣喜。在比赛过程中,每一个运动员都时刻在克服着来自各方面的困难,积极拼搏,在赛场上展示自己的运动风采、充分享受整个比赛过程。而在艰苦比赛之后所取得的比赛胜利能瞬间点燃全场观众的热情，观众可以充分感受到自己所支持和喜爱的运动员的成功体验，运动者所体验到的"尖峰时刻"的成功喜悦，通过网球运动比赛现场气氛感染着每一名观赛者。

现代社会生活节奏快、竞争激烈、压力大，因此，人们很容易产生各种负面情绪，给人们的生活、学习和工作带来不良的影响。体育运动可以缓解和消除个人的不良情绪体验，使个体在运动中忘记苦恼，在比赛欣赏中抒发心中的不快，也因此，观赛成为现代人抒发内心情绪、情感的一种重要方式。在观看网球运动比赛中，观赛者与运动员的情绪和情感共同进退、起伏，在比赛间歇和比赛之后纵情呐喊，都有助于观赏者良好情绪的疏导和体育情操的升华。

网球运动是一项体育竞技运动，但其存在的价值不仅仅体现在竞技方面，还体现在健身健心、发展智力、挑战自我、追求进步、崇尚礼仪、感受与传承文化等多个方面，网球运动通过运动的形式彰显出美好的生命活力，并能深深感染观众。

（三）振奋精神

网球运动是大众体育健身运动、休闲娱乐运动，也是重要的竞技体育运动，是奥运会的正式比赛内容。

现代奥林匹克运动之父——顾拜旦指出，体育运动与文化艺术结合，以达到身心均衡发展的重要思想，一直影响着体育文化的发展，各种各样的体育文化形式渗透在人们的生活里，极大地影响了人们的物质和精神生活。

在网球运动比赛中，尤其是国际大型比赛中，尽管世界各国的政治观点和生活方式不尽相同，但这使得体育运动竞赛的胜负起到了一个振奋民族精神和为国争光的作用。我国优秀网球运动选手李娜、彭帅在国际网球大赛中的精彩表现，彰显了中国人的拼搏精神，令国人扬眉吐气。

(四)提高素养

网球运动作为体育文化的一种,在比赛过程中所创造的文化环境有着独特的价值观念和功能,道德意识、意志信念、高尚情操被充分展现出来。在帮助参与者和观赏者认知网球运动文化、体会网球运动精神方面具有重要引导作用。

此外,网球运动被称为"绅士运动",无论是参与还是观赏网球比赛,都能使个体受到良好的体育道德素质培养和社会道德培养,对于规范个人行为、提高个人运动文化素养、社会文化素养等都具有重要的促进作用。

二、网球运动欣赏内容

(一)身体美

身体美是人类最基本的美,是一种健康美,是个体机体良好的生理和心理状态的综合表现。

观赏网球运动比赛,首先映入眼帘的是运动员健康的身体。透过运动员的身体,展示出青春气息、生命活力,带给观众生机勃勃和积极向上的感受。

(二)动作美

动作美,是体育运动美的重要内容。

网球运动中,运动员的动作主要体现在技术动作中,通过欣赏网球运动的技术表现,观众可以观察到运动员动作的动态美和最后击球定型动作的静态美。

虽然网球运动技术动作具有严格的技术规范要求,但是各类网球运动员的风格、打法不同,因此,在运动比赛中也会形成不同的技术动作造型,准确、干净、协调、连贯、舒展的动作可令观众一饱眼福、赏心悦目。

网球运动中,女性运动员的力量丝毫不输男性,男性的力量球则更显威猛。此外,网球运动击球路线、弧线、动作等多变,网球运动是智与美的运动,它将运动员的主观意识完美地融入不同的网球运动技术动作之中,充分体现了网球运动技术动作的艺术美与智慧美。在网球比赛中,运动员之间每一分的较量都非常难料,悬念迭起,扣人心弦。在网球运动的红土场地比赛中,更是经常爆出冷门,运动员要想赢得比赛,必须巧妙流畅地发挥,每一次击球都能打出一道美的风景。

(三)技艺美

网球运动的技艺美主要表现在技术和战术两个方面。

1.技术美

技术美是网球运动美的一个重要表现内容,是网球运动比赛中观众欣赏的重要内容。

网球比赛中,运动员要想取得比赛的胜利,就必须熟练掌握与运用各种技术动作,并在比赛中,结合具体的比赛形势与赛况创造性地发挥各种技术动作,这对于运动员来说,是一种完美的技术体验,对于观众来说,也能从运动员充满智慧的较量中体验惊奇、进行赞叹。

网球运动比赛过程中,观众通过欣赏运动员多变的技术,来感受网球运动的独特魅力。不同的网球运动项目有不同的技术,每一类技术又包括各种具体的动作,由此构成多元化的技术美。高水平的网球比赛深受欢迎正是因为观众都将重点放在了欣赏运动员的技术美中。

2.战术美

战术,是运动员技术的综合运用,融入了运动员的智慧,是运动员的主观意识和行为结果。

在网球运动比赛过程中,运动员需要结合比赛变化灵活运用

第二章　网球运动的重要组织与著名赛事

各种技战术,战术的创造性发挥往往能帮助运动员在比赛中取得意想不到的比赛效果。网球运动竞赛中,运动员的素质和技术特点的充分发挥就是战术美的表现。

网球运动中的战术美更多的是运动员在比赛中的随机应变和对比赛战况的灵活处理,比赛中,赛况瞬息万变,每一分的争夺都可以影响到运动员的整盘表现,运动员如何根据各自的情况正确调配力量,扬己之长,避己之短,克敌制胜,都需要良好的技战术实力和发挥智慧,这是一种创造性的运动美。

在网球运动比赛中,技术和战术应用往往是分不开的,因此,对网球运动的技术美和战术美的欣赏也是融合在一起的。

(四)风格美

网球运动的风格主要体现在两个方面:

1.技术风格美

网球运动技术风格美实质上是技术的个性之美,但就握拍来说,不同的握拍方法所击出的球的风格也不同,而不同的运动员又有不同的性格特点,表现在网球技术上就是有的球风偏软,有的硬朗,有的喜欢进攻,有的喜欢防守;有优雅型选手,也有力量型选手,还有剑走偏锋的选手等。

具体来说,网球运动比赛中,一个运动员在技战术上,根据自身的条件和特点,创造出与众不同的风格是观众欣赏的重要内容,这种技术风格美是运动员,尤其是明星运动员的个人运动魅力的重要组成部分。

2.思想风格美

网球运动的思想风格美是运动员的一种主观表现,对于运动员来说,其对网球运动的热爱和对体育价值观的认知都对其赛场上的表现具有重要的影响,尤其是在关键比分时的表现。

网球运动是一项绅士运动,比赛过程中,运动员的思想认知都能从其一言一行中表现出来,对于运动员来说,这种综合的体育精神和个人思想意识都是网球运动比赛欣赏的重要内容之一,能感染观众,甚至感染对手。

对于网球运动来说,运动员的技术风格美与思想风格美二者之间有着密切的联系,这两种风格在其形成过程中往往是互相依存、互相制约、互相促进的。

(五)精神美

网球运动的精神美是指运动员的意志品质美。在网球运动比赛中,运动员的运动精神会通过动作、技战术实施、比赛态度等充分表现出来,是运动员心态、个性心理、气质、待人接物态度、价值观等的综合表现。

(六)服饰美

网球运动的服饰美也是网球运动欣赏的重要内容。

以女子网球运动比赛为例,女子网球运动员在比赛中大多穿短裙,充分展现了女性的健美身材、灵动的运动美,是网球运动赛事的重要欣赏内容之一。

此外,网球运动的运动器械、场地设备、灯光照明、体育建筑等都是网球运动美的欣赏内容,上述元素能为观众创造一种良好的审美氛围,为运动员提供一个活动的审美空间,使观众的审美需要得到满足。

三、网球运动欣赏礼仪

(一)比赛礼仪

(1)网球运动员参赛时,在比赛开始前的热身活动中,应友好为对手练习提供帮助。

(2)为对手的好球拍手叫好。网球比赛中每一分的争夺都不易,比赛中,如果对手打出一个非常漂亮的球,即使自己没有接住,也应该由衷地祝贺对方。当然,在比赛期间,不同经验、性格的比赛选手表达这种替对手开心的方式不同,对于腼腆的球员来说很难做到,也应用手轻拍球拍,诚心表示为对手高兴。同时,也是为自己打气,从刚才的回合中走出来,认真迎接下一分球。

(3)球场上不要踢球,网球是用拍子打的,不是用脚踢的,除非是友善地调节场上的比赛气氛。

(4)不要有摔拍子、砸东西等不良的行为,技不如人时应认真反省而不是随便撒气。

(5)对于对手的失常发挥和频繁失误,不要喜形于色,这是一种不礼貌和不尊重对手的表现。

(6)如果打出一记幸运球(Lucky Ball)得分,不要表现得过于兴奋,应感到幸运,同时对对手说声"对不起"。

(7)网球比赛中尽量采用上手发球,这是对对手表示尊重的良好表现。

(8)网球比赛中,应听从裁判的判决,比赛结束后可向裁判提出自己的异议。

(9)比赛结束后,应主动和裁判、对手握手。

(10)比赛结束时,选手可以将比赛用球抛给观众,但应避免砸伤观众。

(11)特殊礼仪。如温网中,选手向王室行屈膝礼。

(二)着装礼仪

(1)标准的网球着装,男球手穿带领子的半袖运动T恤衫和网球短裤,不要赤膊上阵;女球手穿中袖或无袖上衣及短裙或连衣短裙,穿打底裤。

(2)进入网球场一般穿专用的网球鞋,不允许穿硬底鞋或带钉的鞋入场,更不可赤脚打球。

(3)在服装颜色方面,有些网球比赛有特殊的要求,如温网一直都以白色为主,最多也只能有10%的色差。"温布尔登白"已经成为温网的一种特色。

(三)观赛礼仪

(1)观看比赛时,避免携带能发出声音的物品或关掉其声音。选手对抗期间应保持安静,在一分结束以后,观众才能叫好、喝彩、鼓掌、交谈、吃东西。

(2)在球员发球的时候,不要用闪光灯拍照,更不要发出声响。

(3)观看网球比赛,如果迟到,不要马上进场,应该在球员休息的时候进场。

(4)球员在场上正在对抗时,不要离开观众席走动、上厕所,应在球员休息的时候离开。

(5)观看比赛时,尽量不要带小孩,以免造成不必要的尴尬而影响比赛的正常进行。

第三章 我国网球运动发展的新环境

社会环境对于网球运动的发展会产生相应的制约作用,因此分析我国当前社会环境的具体情况,对于我国网球运动实现更好的发展具有重要意义。本章将首先对我国新时期的体育科学发展观进行分析,然后对《全民健身计划纲要》的实施情况进行阐述,最后对网球运动对全民健身所产生的促进作用进行具体研究。

第一节 新时期的体育科学发展观

一、科学发展观的背景与内涵

(一)科学发展观的背景

1.为了实现全面建设小康社会的历史任务

从 20 世纪 70 年代末我国实行改革开放以来,我国的经济取得了巨大的发展与丰硕的成果,同时还完成了现代化建设"三步走"战略的第一、第二步目标,人民生活总体上达到小康水平。

改革开放之后,我国经济实现巨大发展的同时,社会中的很多矛盾也逐渐显露出来,很多地方的发展还存在着不协调之处,持续发展的能力不足。从"九五"以来,我国政府大力推进经济增长方式的转变,也一度取得了很好的改革成果,但在近些年一些地方也出现了粗放经济增长的势头。应该认识到的是,在当前的发展阶段出现以上问题是一种正常的现象,很多问题的出现都是不可避免的,在一些地方由于发展观的偏差还出现了问题加剧的势头。科学发展观的提出与小康社会的建设目标存在着很大的联系,只有解决好农村问题才能真正实现建设小康社会的目标。如何才能使城市与农村中生活困难的群众过上小康生活,充分享受到改革和发展的成果,这是全面建设小康社会的重要任务。小康社会的全面建设,不但要实现经济的持续增长,同时还要实现生活环境的优化、社会的进步以及人们精神生活的提升。

2. 为了完善社会主义市场经济体制

在新中国成立几十年的发展历程中,我们有一些较为成功的经验与做法,如建立社会公共卫生体系、加强农村义务教育等,但是这些好的做法却在体制转轨过程中有所流失。与此同时,社会、文化等领域的一些新的体制、机制没有真正建立起来。相对于我国经济高速发展的水平,社会领域的发展相对滞后,不能适应经济发展的要求,更不能适应人民对物质、文化生活改善的要求。因此,我们应该认真总结历史的经验教训,按照全面、协调、可持续的发展观要求来做。另外,过去由于很多地方片面追求经济增长的速度,为此也付出了很大代价。根据历史的经验教训,我们必须要走降低能源消耗的路子,靠高投资、高消耗来实现经济增长与可持续发展的理念是相违背的。

3. 为了提高党的执政能力,全面推进经济建设、政治建设、文化建设与和谐社会建设

树立和落实科学发展观的过程就是根据党和人民事业发展的新要求,不断改进与提升党的执政能力,特别是驾驭社会主义市场经济的能力与领导经济、政治、文化、社会协调发展的能力过程。从20世纪70年代末改革开放发展至今,我国的经济表现出

巨大的发展潜力与内部动力,与此同时也面临着巨大的发展困难与潜在的风险。在这种发展背景下,党和政府将树立科学发展观与执政能力的提升两者相结合,从而更好地解决好改革过程中出现的各种矛盾,推动社会主义事业更好的建设。这种新的发展观,不但与时代发展的要求是一致的,而且还与我国的社会主义国情相适应;体现了时代发展的特征,体现出显著的人文精神;体现出中国共产党作为执政党的执政理念与态度。全面深入地贯彻这种科学发展观,不仅会对我国社会的发展产生巨大的积极影响,而且还有利于可持续发展观的落实。

4. 认真总结了世界各国在发展问题上的经验教训

当前,我国正处于"黄金发展期"与"矛盾凸显期"并存的发展时期,在此过程中应该重点处理好经济社会协调发展的问题。随着社会的不断发展进步,发展的观念也随着时代发生着一定的变化。随着社会发展过程中各种问题的出现,人们对于发展这一问题的认知也更为深入,一系列的发展理论逐渐被总结出来,而且不断地完善。我国各项事业的发展应该大胆吸收其中有益的成果,并将其应用于建设实践当中。

(二)科学发展观的内涵

1. 以经济建设为中心

以经济建设为中心是科学发展观的应有之义。树立与落实科学发展观,应该纠正一些地方与领域出现的重经济指标,轻社会进步;重物质成果,轻人的价值;重眼前利益,轻长远福祉的偏颇。应该看到的是,提出全面、协调、可持续的发展观并不表示发展经济已经退居次要的位置,更不意味着经济建设不重要了。人类社会的发展规律告诉我们,经济发展是发展的核心内涵。

经济发展是社会发展和人的发展的基础,我们应该始终坚持以经济建设为中心不动摇。我国改革开放以来的经济发展与体制改革中取得的成就和存在的问题都表明,社会经济发展的战略目标并不是单纯追求经济的增长。经济不发展,社会就不会安定,社会问题不解决也就不能够实现长治久安,甚至会产生很大的社会危机。经济增长并不表明社会的发展,而解决社会问题是经济持续发展的必要条件。我们必须在坚持经济建设这一中心的基础上统筹各方面的发展,这主要是由我国社会主义初级阶段的基本国情决定的。

2. 全面、协调发展

全面、协调发展是科学发展观的根本要求。

科学发展观是指导我国现代化建设的崭新的思维理念,其基本内涵,一是全面发展,二是协调与可持续发展。所谓全面发展,就是要着眼于经济、社会、政治、文化、生态等各个方面的发展;所谓协调,就是各方面发展要相互衔接、相互促进、良性互动;所谓可持续,就是不仅需要考虑当前发展的需要,还需要很好地满足当代人的基本需求,同时还应该充分考虑未来发展的需要。

统筹城乡发展、统筹区域发展、统筹经济社会发展、统筹人与自然和谐发展、统筹国内发展和对外开放的要求,这五个统筹是实现科学发展观的根本要求。五个统筹的实质是在全面建设小康社会与实现现代化的进程中,选择什么样的发展道路与发展模式,怎样实现更好发展的问题。

统筹城乡发展实际上就是促进城乡二元经济结构的转变。我国当前正处于社会转型之中,正在逐渐从城乡二元经济结构向现代社会经济结构不断转变,这将是未来几十年我国社会经济发展的基本走向。"三农"问题在以往主要是农业生产的问题,如今更应该注重从"农"外寻找出路,通过"三化"(工业化、城市化以及市场化)促进"三农"问题的最终解决。然后还需要进行经济方面的改革,应该着眼于建立有利于改变城乡二元经济结构的体制,国家政策应该对解决"三农"问题予以更大的支持。

从本质上来讲,统筹区域发展就是要实现地区的共同发展,

第三章 我国网球运动发展的新环境

实现经济发达地区的不断发展以及经济落后地区的协同发展都是国家的既定政策。地区发展的差距不仅表现在东西部之间,不同的省、市、地区之间同样会有发展水平之间的巨大差异,这一问题需要在社会发展的过程中逐步得到解决。随着我国逐渐步入了小康社会,人们的温饱问题已经解决,但是其他的社会问题却在逐渐地凸显出来。在社会发展所出现的诸多问题中,很多与经济转轨过程中政府职能不到位存在着直接的关系,这就要求政府职能进行相应的转变。社会保障、科学技术、文化教育、公共卫生以及医疗等领域有着各自的行业特殊性,政府应该认真承担起相应的责任,不能只是单纯片面地强调"市场化"或"产业化"的目标。统筹人与自然和谐发展的实质就是人口适度增长、资源的延续使用以及保持良好的生态环境,我国虽然各种自然资源非常丰富,但是人均资源相对较少,这种客观情况会对我国工业化与现代化的过程产生很大的制约。从古代的屈服自然、崇拜自然、破坏自然,发展到如今的强调人与自然和谐相处,这是人类社会不断进步的重要标志。统筹国内的发展与对外开放要求的实质就是更好地利用国内外两种资源与两个市场,从而推动我国经济的振兴。我国在国际上的经济地位正在发生着巨大的变化,我国经济发展如今所面临的是一个与以往存在很大不同的外部环境,我国以往所形成的经济发展体制与政策需要进行相应的改革,很多经济发展的观念也需要进行相应的转变。如今,适当增加资源密集型产品进口,更多引进先进技术有着很大的好处。在对外经贸关系方面,我们追求的是"双赢"局面,而在此过程中出现贸易摩擦是一种无法避免的情况,因此必须要正视这一问题。"五个统筹"的最终实现,不仅需要社会制度的不断创新,而且还有赖于科学技术的进步。

"五个统筹"是在认真分析全国总体情况的基础上提出来的,具有普遍的指导意义。在实践过程中,由于发展阶段的不同,不同地区之间的发展水平也存在着很大的差异,统筹协调的重点也有所不同。

3.坚持"以人为本"

坚持"以人为本"是科学发展观的本质与核心。科学发展观的核心是"以人为本",这是在党的十六届三中全会通过的《中共中央关于完善社会主义市场经济体制若干问题的决定》中提出来的。

首先,作为一个社会主义国家,大力发展经济的目的主要是为了不断满足人民日益增长的物质、文化需要,全面、协调、可持续发展围绕的中心就是要满足人民的各种需要。我国的人口众多,不同区域之间发展水平也存在着很大差距,地区的经济发展水平不同,人们的需求也存在很大的差别。需要注意的是,实现群众的愿望,满足广大群众的需求,维护群众的利益,这些都是一种动态的发展过程,国家在大力发展经济时应该密切关注广大群众的各种愿望与现实需求,从而使制定的各项政策措施更好地反映广大人民群众利益。

其次,进行发展的最终目的是实现人的全面发展。"以人为本"就是以人为价值的核心与社会的本位,把人的生存发展视为最高的价值目标,一切行动都应该服务于人民。发展作为执政兴国的第一要务,不仅应该追求经济量的增长,而且还应该不断提升科技发展水平,对社会经济的结构不断进行优化,使人民的生活水平得到很好的改善与提升,并最终实现人与社会的全面发展。

另外,注重"以人为本",也是立党为公、执政为民的本质要求。在开展各项工作的过程中,应该将维护并实现广大人民群众的根本利益作为一切工作的出发点与落脚点,也只有这样才能更好地保证我国各项改革工作的顺利开展,只有处理好与群众有关的工作,才能更好地凝聚设计建设的广大力量。除此之外,工作中还应该树立为人民服务的思想,搞好与人民群众之间的关系,使人民获得切实的利益。

4."三要点"

科学发展观为我们发展体育、促进体育提供了很好的思想指导。树立与落实科学发展观,应该重点处理好以下三个方面的内容:

(1)发展也在发展

发展是硬道理,是党执政兴国的第一要务。解决中国一切问题都需要发展,发展中出现的问题也需要依靠发展来解决。如果不发展就会停滞不前,就要被动挨打。改革的根本目的是为了发展,改革是发展的动力,发展才是最终的目的与主题。发展的目的是强大,但强大并非单纯的经济强大,还要与人民群众联系起来。

(2)发展观极为重要

发展观是发展的世界观方法论;发展是关于发展的本质、目的、内涵、要求的总体看法和根本观点;发展观决定发展的道路、模式、战略;发展观对发展实践产生根本性、全局性的重大影响。因此,应该树立正确的发展观。正确的发展观决定了正确的世界观、人才观、群众观。

(3)科学发展观是新时期新阶段从全局出发的重大战略思想

科学发展观就是坚持"以人为本",树立全面、协调、可持续的发展理念,促进经济社会和人的全面发展。其意义在于,它是小康社会的必然要求,是应对处理突发事件等的正确选择,是提高党的执政能力的迫切要求。因此,在新时期新阶段必须从全局出发,坚持科学发展观,实现全面、和谐、可持续的发展。

5."五个转变"

"五个转变"是落实科学发展观的关键。

一是要不断转变发展的观念。当前,一些地区的领导干部没有科学的发展思维、发展的思路与方法和科学发展观的要求相违背,进而导致了发展速度的缓慢。在一些经济不发达地区,领导者片面地将"以经济建设为中心"当作"以速度为中心",还有的以牺牲环境、资源等为代价来换取经济的发展,很多"形象工程"也是层出不穷。由此可见,扭转落后的发展观念同样是一件重要的任务。

二是应该逐渐扭转以往落后的经济增长方式,实现经济的粗放型向集约型的不断转变。要更好地实现这种转变,具体应该做到:要以提高质量效益为中心;要以节约资源、保护环境为目标,不断推进经济的可持续发展战略,逐步实现循环经济的发展,形成科学化的政策环境与发展机制,不断完善相关的法律政策;要对经济体制进行科学化的改革。

三是要进一步转变经济体制。

四是要进一步转变政府的职能。应该逐渐建立起对工作实绩进行考核评价的科学指标体系,不但要注重对GDP增长速度的考察,同时还要能够对城镇居民人均可支配收入、农民人均纯收入、环境保护和生态建设等相关指标进行有效的考核,从而使各级干部逐渐树立起正确的政绩观。

五是要进一步转变各级干部的工作作风。各级领导干部在工作过程中应该秉承"求真务实"的工作精神,坚决克服主观主义、形式主义以及官僚主义等不正之风。应该坚持走群众发展的路线,并着力解决与人民群众自身利益密切相关的突出问题。

"五个转变"不仅是科学发展观的基本要求,同时也是落实科学发展观的工作部署,更好地把握科学发展观的基本要求,在改革与建设的各项工作中进行相应的宏观调控,做到统筹兼顾,更加注重"以人为本"与改革创新,妥善处理好经济社会发展中遇到的各种矛盾以及关系到人民群众切身利益的突出问题。这样一来,我们就能够更好地贯彻科学发展观,实现经济的可持续发展。

二、与时俱进的大体育观

要树立与时俱进的大体育观,必须处理解决好体育的"融入"问题。

(一)体育要融入社会主义市场经济的汪洋大海

要想实现体育观的与时俱进,必须要将体育融入到社会主义市场经济之中,只有将体育与市场经济相结合才能够实现体育更好的发展,离开市场体育的与时俱进也就无从谈起。这些年来,正是由于我们加强了对于体育产业性的重视程度,因而使得体育事业的发展有了更大的活力。

随着我国经济水平的不断增长,国家对于体育事业发展的相关投入也在不断增加。从近些年来我国体育产业的发展情况来看,体育产业的发展速度在不断加快,体育社会化的程度也在不断提升,体育事业蒸蒸日上,这也充分表明了融入市场经济的重要性。

体育要想融入到市场经济当中,还有很多方面的问题需要进行改革,如所有制问题、市场机制问题等。体育事业应该讲求"两个效益",就是社会效益和经济效益,你的效益和我的效益,而不能是大利大干,小利小干,无利不干,完全的市场化操作。

(二)体育要融入人的全面发展的潮流中

要想实现人的全面发展,体育发挥着非常重要的作用。人的全面发展与体育存在着密切的联系,体质增强是提高其他素质的基础。

如果将体育特别是全民健身纳入到经济发展之中,使其融入社会发展,体育发展的前景将非常广阔,市场也会非常巨大。"融入"问题做好了,同时还需要寓政治、经济、文化于体育工作之中,这样就解决了本基、本源的问题。要实现这一目的,就需要我们在体育的观念上实现"三个冲破",即冲破"地区封锁、部门壁垒、行业界限"。

三、协调、和谐、可持续发展的体育

发展是我们党执政兴国的第一要务,发展的思想是我们党建设社会主义、实现现代化的一贯思想。中国解决一切问题的关键在于依靠自身的发展,而发展中出现的问题也需要用发展来解决。当然,发展与改革之间是辩证统一的关系,改革是为了发展,改革是发展的动力。

从本质上讲,创新的体育观与科学的发展观还是离不开什么是体育、如何发展体育的问题。要做好新时期的群众体育工作应该注意并重点解决好以下几个方面的问题:

(一)要有超前的思维

认识应该具有前瞻性与预见性,工作的设想及预案应该提前做好。超前思维不仅要进行理性思维,而且应该深入掌握实际的情况,另外,还应该抓住事件的切入点,积极推进。

在超前思维方面还应再加一条建立防范风险机制的问题,在一些问题上应该有相应的预案。例如,在"全民健身工程"建设过程中应该对工程可能遇到的各种风险进行预测,并建立起相应的监管制度与机制,有效防止各种不利情况的发生。

(二)要有高效的观念

在具体的体育工作当中应该讲求高效率与高效益。重效益,要回报,应该时刻把握三个重要原则,即:一是要符合社会主义市场经济规律,二要符合体育自身的发展规律,三要取悦于民,时刻以群众的利益为重。做任何事情,不仅应该雷厉风行,还要脚踏实地,这样才能够获得更好的工作成效,体育部门特别应该注意在这方面下功夫。很多事情都需要抓住机遇果断执行,否则就很可能错过自身发展的良机。

(三)要有团队意识

体育是关系到整个国家未来发展的一项重要工程,它是国家伟大事业中的重要组成部分。任何形式的工作都是通过团队与集体共同推进的,个人只有融入到集体当中,才能够得到更好的发挥。因此,体育的发展必须要树立良好的团队意识,体育组织及个体之间应该相互帮助、相互支持。

第二节 《全民健身计划纲要》的贯彻实施

一、《全民健身计划纲要》实施的组织领导

《全民健身计划纲要》规定:"本纲要在国务院领导下,由国家体委会同有关部门、各群众组织和社会团体共同推进。国家体委负责组织实施。"国家体委是国务院主管全国体育工作的职能部门,负责具体组织实施。这样利于发挥国家体委对全国体育工作的统一领导、协调与监督职能。但是仅靠体育部门是远远不够的,还必须"会同有关部门、各群众组织和社会团体共同推进",有关部门包括教育、卫生、文化、科技、民族、民政、财政、税务、工商等;各群众组织如科协、农民体协、少数民族体协、行业体协、体育总会、单项运动协会、体育科学协会等;各社会团体如工会、共青团、妇联、青联、残联等。只有全社会一起支持和投入到全民健身事业中来,全民健身计划的目标和任务才能真正实现。

《全民健身计划纲要》还要求各级地方人民政府、各部门、各系统都要制定相应的实施方案与规划,狠抓落实。

二、《全民健身计划纲要》实施在不同时期的主要任务

《全民健身计划纲要》实施的基本思路是整体规划并逐步实施。《全民健身计划纲要》的实施将1995年至2010年的16年分为两期工程。

(一)一期工程

全民健身计划一期工程的时间是 1995 年至 2000 年的 6 年,时间虽短但任务艰巨。一期工程细分又可分为三个阶段:

1. 第一阶段(1995—1996 年)

第一阶段的基本目标是"进行宣传发动和改革试点,初步掀起一个全民健身活动热潮"。为达到这一目标,国家体委于 1995 年 6 月 23 日发布了关于贯彻《全民健身计划纲要》实施"全民健身一二一工程"的意见,需完成以下主要的任务:

突出一个重点:在《全民健身计划纲要》启动阶段,重点是宣传发动工作,就是通过各种方式广泛深入地开展宣传和发动工作,营造强大的舆论声势与社会反响,形成"家喻户晓、人人参与"式的环境氛围,吸引并动员广大人民群众投身到体育健身活动中去,促进更多的单位、部门和团体积极开展全民健身工作。

推行两项制度:这两项制度是《社会体育指导员技术等级制度》和《中国成年人体质测定标准施行办法》。两项制度的推行关系到全民健身计划实施能否开个好头的重要工作,要搞好推行两项制度的试点工作,摸索经验并逐步推开。

掀起一个热潮:一个热潮即全民健身活动热潮。要实现普遍增强人民体质的目标,基本手段是把全民健身活动开展好。为了给全民健身计划的实施开一个好头,在计划的启动阶段,要特别组织一些群众参加人数多、轰动效应强的活动,从而掀起群众性全民健身的热潮。

2. 第二阶段(1997—1998 年)

基本目标:"通过重点实施,逐步推进,形成崇尚健身、参与健身的社会环境和社会风气。"为实现目标需做到:建立并健全全民健身领导体系,完善不同人群体育协会和群众体育单项协会;加强对不同人群体育健身活动的指导管理,推广喜闻乐见的群众体

第三章　我国网球运动发展的新环境

育健身方法;加强群众体育法规制度建设,逐步完善法规体系;加快社会体育指导员和国民体质检测员队伍建设;引入竞争和激励机制等。

工作实施的措施:加强领导并强化政府作为;加大宣传力度,继续开展全民健身宣传周活动;加强行业体育组织和各类体育协会建设,加强群众体育队伍建设;增强体育健身场地设施,增加全民健身的资金投入;加强全民健身活动的科学研究与指导,推广科学的体育健身方法等。

3. 第三阶段(1999—2000 年)

基本目标:"全面展开全民健身计划的各项工作并普遍取得成效,建立具有中国特色的全民健身体系的基本框架。"为达到该目标,其主要任务为:增加经常参加体育锻炼的人数,使经常参加体育锻炼的人数在 1996 年 31.4% 的基础上有较大增长;提高国民体质水平,使达到中国成年人体质测定标准的人数在 1997 年 71.4% 的基础上有所增加;增强青少年和儿童身体素质,使我国实施《国家体育锻炼标准》的学校在 1997 年 82.3% 的基础上,到 2000 年再增加 3%;为群众提供更多更好的体育锻炼场地设施,到 2000 年再建 1 000 个体育活动站;扩大社会体育指导员的队伍,到 2000 年,我国社会体育指导员的队伍达到 15 万人;健全社会化群众体育组织网络;加快群众体育立法等。

工作实施的措施:第三阶段所提措施与第二阶段措施基本相同,是在第二阶段任务完成基础上的深化。

第一期工程的三个阶段构成了一个相互联系的整体,通过各个阶段的逐步实施,逐步达到所确定的到 20 世纪末实现的发展与改革目标。

(二)二期工程

全民健身计划的实施工作在新世纪也进入第二期工程的新阶段。国家体育总局在完成第一期工程的基础上,依据未来 10

年我国经济建设、社会发展的远景目标和《2001—2010 年体育改革与发展纲要》的要求,制定了《〈全民健身计划纲要〉第二期工程(2001—2010 年)规划》,其总体目标和任务是"实现全民健身事业与国民经济和社会事业的协调发展,全面提高国民身体素质,基本建成具有中国特色的全民健身体系和面向大众的体育服务体系"。全民健身计划第二期工程分为两个阶段:第一阶段是 2001 年至 2005 年,第二阶段是 2006 年至 2010 年。

1. 第一阶段

国家体育总局依据《〈全民健身计划纲要〉第二期工程(2001—2010 年)规划》于 2002 年 11 月颁布了第一阶段的实施计划。

指导思想:坚持活动与建设并举,重在建设的原则,积极推进全民健身事业的各项工作,扎扎实实地加强基础建设和制度建设,为迎接 2008 年奥运会创造良好的全民健身氛围,进一步提高国民素质。

为实现该目标,该阶段主要任务是:构建体育服务体系,经过 5 年努力,初步建成面向群众的多元化的体育服务体系;增加经常参加体育锻炼的人数。到 2005 年,全国经常参加体育锻炼的人数达到总人口的 37% 以上;增加公益性体育设施。到 2005 年,直辖市及经济发达省会城市 100% 的社区、其他城市 80% 的社区和 25% 的农村乡镇建有公益性体育健身设施。西部与经济欠发达地区的省会城市 80% 的社区、其他城市 60% 的社区和 15% 的农村乡镇建有公益性体育设施。在省会城市和有条件的大城市建设一批市民体育健身中心;壮大体育骨干队伍。到 2005 年,全国社会体育指导员人数达到 35 万;完善全国体育组织网络。到 2005 年,全国 70% 以上的市区街道,70% 以上的县和 50% 以上的乡镇建有体育指导中心或体育指导站。体育彩票公益金资助建设的青少年体育俱乐部达到 3 000 个左右;抓好国民体质监测工作。到 2005 年,按照《国民体质测定标准》,完成第二次全国性国

第三章 我国网球运动发展的新环境

民体质监测工作。

该阶段主要措施包括：加强公益性体育场地建设；加强国民体质监测体系建设；加强青少年体育俱乐部建设；加强社会体育骨干队伍的建设；加强全民健身组织网络建设；加强社会体育法规制度建设；加强群众体育健身站（点）建设；加强群众体育健身活动建设。

2. 第二阶段

为完成《全民健身计划纲要》确定的到 2010 年的奋斗目标，国家体育总局于 2006 年 3 月 1 日颁布了《〈全民健身计划纲要〉第二期工程第二阶段（2006—2010 年）实施计划》。

指导思想：以邓小平理论和"三个代表"重要思想为指导，以科学发展观为统领，以 2008 年北京奥运会为契机，巩固第二期工程第一阶段成果，继续坚持"活动与建设并举，重在建设"的工作原则，以满足广大人民群众日益增长的体育需求为出发点，把提高全民族健康素质作为根本目标，为全面建设小康社会和构建社会主义和谐社会作出新的贡献。

总体目标：坚持"群众体育与奥运同行"，抓住筹备和举办北京奥运会的历史机遇，广泛开展群众体育活动，提高群众体育意识，培养群众健身习惯，在全社会营造浓郁的体育健身氛围；本着亲民、便民、利民的原则，让更多的人享受体育发展的成果。实现公共体育设施明显增多，群众体育组织化程度进一步提高，人民群众健康素质显著增强。形成政府领导，体育部门组织协调，有关部门各负其责、共同推进，社会力量积极兴办，人民群众广泛参与的格局，基本建成具有中国特色的全民健身体系，使群众性体育健身活动做到社会化、生活化、科学化。

为实现预定目标，该阶段主要任务包括：广泛开展群众性体育健身活动，进一步提高人民群众的体育意识和健康水平。经过 5 年的努力，使全国经常参加体育活动的人数达到总人口的 40％左右，其中城市达到 45％左右；达到《国民体质测定标准》合格级以上标准的人数不断增多;达到《学生体质健康标准》及格标准的学生数占学生总数的90%以上;加强公共体育健身场地和设施建设,提高社会体育场地设施开放程度。加强与教育部门和有关部门的协调,加快学校及单位所属体育场地设施向社会开放步伐;力争到2010年,人均体育场地设施面积达到1.40平方米;健全社会化群众体育组织网络,发展壮大群众体育骨干队伍;到2010年,健全各类群众体育组织;加强社会体育指导员队伍建设,全国社会体育指导员人数达到65万人;培育体育健身市场,引导大众体育消费;进一步理顺群众体育管理体制和运行机制,加快群众体育法制建设步伐。

该阶段主要措施包括:建立健全领导协调机构,加强对推行全民健身计划的领导;改革体育经费支出结构,增加对群众体育的投入;扩大群众体育设施规模,加快群众体育健身场地和设施建设,实施"农民体育健身工程";加强基层体育活动站(中心)建设,提高基层体育服务能力;加强基层体育社会团体和群众体育骨干队伍建设;积极倡导科学文明的体育健身活动,让体育走进小康生活;加强群众体育科学研究和宣传,促进全民健身事业全面健康发展。

第三节　网球运动对全民健身的促进作用

一、网球运动与身体健康

(一)网球运动对身体形态的影响

1. 对骨的影响

(1)对骨骼的影响

骨的生长发育依赖于骨化的过程,青少年骨骼的有机物含量多,其可塑性大,长骨两端有使骨增长的骺软骨。人在 12—18 岁,骺软骨的生长速度非常快,18 岁后,骺软骨生长缓慢,甚至不再生长。青少年时期进行适宜的网球锻炼能够使骨承受一定负荷的刺激,能够促进血液循环,改善骨的营养供给,加快骺软骨的增生与骨化过程,从而促进骨的生长发育。

(2)对骨密质的影响

骨密质分布于长骨骨干与骨骺的外侧部分。经常参加网球运动,由于肌肉参与运动对骨的牵拉作用,骨表面的隆起会更加明显,骨密度不断增厚,管状骨也相应增粗,骨的形态结构会产生良性变化,骨的各种性能得到提高。

(3)对骨松质的影响

骨松质主要分布在长骨的骨骺以及骨干的内侧,是由很多针状或者片状骨小梁相互连接而成的多孔隙网架结构,网孔就是骨髓腔,其中充满的是骨髓。研究证实,经常参与网球训练能够有效增加骨小梁新骨的形成,使骨小梁的排列更加有序分布。

2. 对肌肉的影响

研究表明,科学的体育锻炼能够使骨骼肌的形态、结构及功能产生一系列适应性变化。具体来讲,网球运动对于参与者身体肌肉的影响主要表现在以下几个方面:

(1)对肌肉体积的影响

肌肉由肌纤维组成,肌纤维又称肌细胞,是肌肉活动的基本功能单位。经常参与网球运动能够使身体的肌纤维肥大,其肌纤维直径或者横断面积都会大于常人。研究表明,耐力训练可使快肌纤维向慢肌纤维转化,使肌肉体积增加。

(2)对肌肉结缔组织的影响

在网球运动中,运动者身体的肌肉会进行反复的牵拉,这样不但会使肌腱与韧带中的细胞增生,也会使肌外膜、肌束膜以及肌内膜增厚,机体的肌肉会更加强壮,可以更好地抗牵拉,肌肉的抗断能力也能有所提升。科学研究发现,力量训练可以使身体的肌膜增厚,其抗牵张的强度也会相应增加。

(3)对肌纤维类型的影响

网球运动集力量、爆发力、耐力、速度、灵敏性、柔韧性于一体,在网球运动中,连续的击球动作能够使运动者身体的肌纤维得到最大限度的发展,如网球运动的快速折返交叉步跑动,可使快肌纤维增粗。

(4)对肌肉收缩能力的影响

运动者在进行网球运动时常常需要快速起动、变向跑、侧身跑、变速跑,这些动作都是以人的踝、膝、髋为轴,通过脚蹬碾的力量、腰腹力量、手臂摆动力量带动躯干灵活地运动来改变身体位置、方向与速度的。在网球运动中,原动肌、对抗肌、固定肌和中和肌所起的作用虽然不同,但是它们共同收缩、相互配合、共同协调,从而可以更好地保证技术动作的完成。网球运动能够很好地改善与提高这些肌群的协调性,使肌肉收缩能以最佳的方式来完成某一动作,从而使肌肉收缩的效率得到充分的发挥。

(二)网球运动对身体系统的影响

1. 对心血管系统的影响

人体通过血液循环的作用最终实现了与外界物质的交换以及体内物质的运输。如果人体内的血液不再循环,那么人的生命就会停止。由此可见,心血管对于人体具有非常重要的意义。具体来讲,参与网球运动锻炼对于心血管系统的作用主要表现在以下几方面:

(1)预防与治疗心血管疾病,促进血液循环

对于一般的正常人来讲,体内血液总量约占体重的8%。但是对于长期坚持系统网球训练的群体来讲,其血液总量约占身体体重的10%,血液的重新分配机能也会加速。同时,血管的舒张与收缩能够使大量的血液参与到循环之中,从而使身体肌肉的活动有充足的血液供应。

第三章　我国网球运动发展的新环境

(2)有效改善心肺功能

实践表明,经常参与网球运动锻炼能够促进运动者体内心肌肌红蛋白的增加,机体的代谢能力显著改善,供血量有效提升,心肌纤维也会相应增粗,心脏的搏动会更为有力。由于心壁增厚,心腔增大,心脏也就具有了更好的收缩能力,心容量得到显著提升。对于正常人而言,正常的心容量为 765~785 毫升,而在系统地参与网球运动练习之后,运动者的心容量可达 1 015~1 027 毫升,每分输出量与每搏输出量也会有一定程度的增加。

(3)显著提高机体的免疫功能

通过进行系统的网球运动训练,能够使运动者的总血量增加25%。通常情况下,正常成年男子的每立方毫米血液中含有红细胞 450~550 万个,女子为 380~460 万个。经常参与网球运动者,体内的红细胞会显著增加,这主要是因为运动可以一定程度上改善红骨髓的造血机能。网球运动对于体内的白细胞也会产生相应的影响,白细胞的数量在机体运动之后会明显增加,大小强度的运动都会导致体内淋巴细胞的增多。在运动之后,单核细胞也会有所增加。

2. 对运动系统的影响

人体的运动是通过运动系统来实现的。人体的运动系统由 206 块骨骼、400 多块肌肉以及关节等构成。参与网球运动锻炼可以使运动者的运动系统产生良好的适应性变化,具体表现如下:

(1)促进结构机能的有利变化

通过参与网球运动锻炼,人体肌肉与骨骼的工作会有所加强,血液的供应量也会出现一定程度的增大,营养物质的吸收与储存能力加强,肌纤维增粗,运动者的肌肉逐渐会变得更加结实、粗壮,肌肉力量增强。肌肉中肌红蛋白的增加可以结合更多的氧气,肌糖原增加,肌肉内毛细血管的数量增多,这样可以更加适应身体运动的需求。这就使得结缔组织也逐渐增多,肌肉的生理横断面与体积逐渐增加,肌肉纤维增粗。肌肉含量增加,脂肪含量就会相对下降,使人体基础代谢率提高,对于人体的健康非常有利。同时,还可以加强肌肉收缩时的力量,加快了肌肉的收缩速度,灵活性以及耐久性显著提升,弹性、柔韧性有效增强。

(2) 提高关节的灵活性与柔韧性

通过参与网球运动训练,能够使运动者机体的骨密度与关节面软骨不断增厚,关节处的肌肉更加发达有力量,关节囊与韧带不断增厚,也就使得关节的稳固性与抗负荷能力得到提升。与此同时,由于关节囊、韧带以及关节周围肌肉的弹性与伸展性提高,关节的运动幅度也会相应增加,关节的灵活性也会得到提升。

(3) 提高骨性能

经常参与网球运动训练,能够显著提高自身的血液循环速率,加快身体的新陈代谢,骨的结构性能也会向良性不断发展,骨质也会有所增强。网球运动会使运动者的肌肉对骨骼进行牵拉与重压,从而造成骨骼的形态发生变化,骨骼的机械性也会因此得到提高。而在形态方面,骨骼也会发生相应的变化:肌肉附着处的骨突会增大,从而使得骨外层的骨密质增厚。里层骨松质的排列能够更好地适应压力与拉力的作用,骨质也会更为坚固,其所能承受的运动负荷也会更大,骨骼抵抗弯曲、压缩、扭转等能力会得到增强。

3. 对呼吸系统的影响

人体的呼吸系统主要是由呼吸道与肺两部分构成,人体与外界之间的气体交换是通过该呼吸系统实现的。人的呼吸系统为人体正常的生理活动进行相应的氧气供给,同时将体内形成的二氧化碳排出体外。呼吸系统对于人体的正常运转与健康意义重大,具体表现在以下两个方面:

(1) 有助于提高呼吸系统机能水平

经常参与网球运动能够显著增加机体的呼吸深度,使呼吸的频率减低。系统性的网球运动训练会使运动者的呼吸肌力量不断增强,肺泡具有更好的弹性,肺活量与肺通气量的指标显著提升。例如,对于正常的普通人来讲,成年女性的肺活量为2 500毫升左右,成年男性的肺活量为3 500毫升左右。在安静状态下,正常普通人的呼吸频率为12～16次/分钟,肺通气量为6～8升,而经常参加运动训练的人的呼吸频率只有8～12次/分钟,就能够达到同样的肺通气量。

(2)有助于改变呼吸器官结构

对于网球运动参与者来讲,其肌肉需要进行很多激烈的活动,在此过程中会进行频繁的氧气与二氧化碳的交换,这对于运动者的呼吸系统是极大的挑战,该系统需要加大工作量来使机体的活动得到相应的满足。运动过程中,运动者会呼吸加速,轮廓活动的幅度会明显加强。与此同时,由于运动者在运动时对于氧需求量的增加,运动者的呼吸深度也会相应加大,经常参与网球运动训练能够有效提升自身呼吸的效率,同时,肺泡也会最大程度地参与气体交换,肺泡的弹性能够得到相应的改善。

二、网球运动与心理健康

(一)心理健康概述

1. 心理健康的定义

心理健康是一个极其复杂的动态过程,它涉及到人的生理遗传、生活环境和社会环境错综复杂的变化,因此围绕心理健康概念的表述也不统一。

在综合国内外各种研究结果的基础之上,我们认为:心理健康指的是人的一种心理状态,即人对内心世界具有一定安全、稳定、随和、充分的自信心,对外界环境的适应能以社会上公认的形式进行判断和应对,对于是非曲直能有自己鲜明的立场与态度。换言之,在遇到各种艰难险阻时,只有心理上自信地以社会行为准则去客观公正地处理解决,才是心理健康的标志。

2.心理健康的标准

(1)马斯洛的心理健康标准

①有充分的自我安全感。

②能充分了解自己,并能对自己的能力作出恰当的评价。

③生活的理想和目标切合实际。

④不脱离周围现实环境。

⑤能保持人格的完善与和谐。

⑥具有从经验中学习的能力。

⑦能保持良好的人际关系。

⑧具有适度的表达情绪与控制情绪的能力。

⑨在不违背集体意志的前提下,能有限度地发挥个性。

⑩在不违背社会规范的情况下,能适当地满足个人的基本需要。

(2)现阶段我国的心理健康标准

现阶段我国的心理健康标准具体包括:对自己有正确的认识和恰当的评价;正视现实并对现实环境有良好的适应能力;有和谐的人际关系;热爱生活,献身事业;保持健全的人格;能协调情绪,保持良好的心境。

虽然以上心理健康的评价标准不尽一致,但是在认知能力正常、情绪稳健的个性、良好的人际关系、充足的自信心和耐受力等方面,大家的认识还是较为统一的。

3.影响心理健康的因素

人不仅是有机的个体,而且是社会成员的一分子,人在实现自我新陈代谢的同时,还需要不断适应外部社会环境的各种变化。要想更好地适应不断变化的外部环境,人们必须从自身生理以及心理上不断进行相应的调节。一般情况下,外部社会环境的任何变化都会或多或少地导致人身心的相应变化,而这种变化的大小是由个体自身的感知、应答能力的水平以及情绪体验的大小决定的。因此,在对心理健康的因素进行分析时,应该具体从正客观两个方面来开展。

(1)心理与遗传因素

人的心理活动并不是由遗传所决定的,而主要是由后天的社会生活环境所决定的,并在社会生活实践过程中不断发展的。但是,一个人性格、能力、活动特点的某些成分会不可避免地受到遗传因素的影响。

(2)心理与社会因素

随着社会的不断发展,影响人心理健康的因素也在逐渐增多,而且日趋复杂。其中,家庭成长环境、心理冲突、不良人格特征等都是当前影响心理健康的重要因素。

(二)网球运动对心理的积极作用

参与网球运动对于运动者心理方面的积极作用是多方面的,具体来讲主要包括以下几个方面的内容:

1. 有助于情商的培养

网球运动具有很强的对抗性,通过参与网球运动能够很好地培养运动者运动能力、意识、交往等各方面的能力,从而使其更好地应对运动及生活中遇到的各种困难。网球运动比赛不仅是一种身体与技能的较量,同时也是一种智慧、意志的竞争,通过参与网球运动能够很好地培养运动者形成积极健康的生活态度,同时也有助于运动者情商的发展。

2. 能够有效促进个性心理的良性发展

通过参与网球运动可以有效促进运动者心理的健康发展,这主要表现在以下三个方面:

(1)网球运动具有调节人体紧张情绪的作用,从而使运动者的生理与心理状态得到很好的改善,这对于体力与精力的恢复也非常有帮助。

（2）网球运动能够显著促进人体的健康，使参与者能够更好地改善自己身体的疲劳状态，从而以更加充沛的精力投入到学习和工作当中。

（3）网球运动还能够陶冶运动者的情操，使其保持更加健康的心态，有效提升自己的自信心。

3.可以有效减轻焦虑、抑郁等症状

焦虑指的是人的一种对当前或者预计的威胁所反映出的恐惧与不安的情绪状态。而与焦虑等消极的情绪相比，抑郁属于更深层次的复合性负面情绪，其持续的时间更为漫长，抑郁的症状主要表现为悲伤、绝望、易怒，甚至厌世。

研究表明，短期的身体活动或者运动锻炼对于一般人的应激症状具有短时间的缓解作用，而长时间的体育运动能够对焦虑、抑郁的患者起到长期稳定的缓解作用。对于那些沉默寡言、性格较为孤僻的群体而言，参与网球运动能够有效增加他们与其他人之间的情感交流，同时增进快乐、振奋精神，这就能够在一定程度上解除运动者身上的焦虑、抑郁情绪。

4.有助于优秀意志品质的形成

所谓意志品质，指的是一个人的自觉性、目的性、坚韧性、自信性、自制力以及主动独立与勇敢顽强等精神。在面对各种困难挑战时，意志品质能够得到很好的体现，同时也能够发挥很好的作用。一个人的意志品质可以在各种困境挑战时得到很好的培养，也就是说，一个人克服困难的能力越强，那么他的意志品质就越优秀。

网球运动对于培养人的意志品质非常有帮助，在自信心、自制力、判断力等很多方面都有着显著的提升作用。通过参与网球运动可以使参与者更加坚韧勇敢，并使其在面对生活中的困难与挑战时更加自如。具体在参与网球运动训练的过程中，参与者常常需要克服主客观两方面的问题。其中，主观方面的困难主要包括胆怯畏惧、疾病损伤等,客观方面的困难主要有技术难度、环境变化等。

三、网球运动与社会适应能力

实际上,体育运动不仅是一种身心的运动,同时也是一种社会运动,运动不仅有利于参与者的身心健康,而且对运动者的社会健康具有积极的促进作用。具体到网球运动而言,它对于提高人的社会适应性产生着积极的影响,它有助于运动参与者形成正确的价值观,更好地扮演自己在社会当中的角色,并促进良好人际关系的形成。

(一)网球运动与价值观

1. 价值与价值观念的含义

价值是指人的需要与事物属性的特定关系,即事物对人的积极意义,它表示人与各种事物之间的需求和满足需求的关系。而价值观指的是客体对于主体的一种满足程度,是人们对于客观事物是否具有价值或者所具有价值大小的一种根本观点与评价标准。通常来讲,同一种事物对于有的人来讲具有很大的价值,而对于另外一些人却没有相应的价值,对于有些人的价值重大,对于另外一些人的价值却是微乎其微。人们在认识事物及其属性的基础上,以自己的需求为根据,对各种事物是否具有价值以及价值的大小进行确定,从而最终确定人们活动的价值取向。

2. 网球运动对价值观的影响

网球运动具有很好的教育功能。网球运动不仅是一项单人运动,同时也是一项集体运动,因此它在充分发展学生个性的同时,对于培养学生组织性、纪律性、集体主义精神等很多方面具有非常积极的作用。通过参与网球运动能够有效激励参与者力争上游、奋勇拼搏的运动精神,同时还能够有效培养运动参与者的责任感、义务感以及集体荣誉感。通过参与网球运动,人们能够逐渐认识到网球运动所具备的教育价值。网球运动对于运动参与者的价值观也具有很大的影响,主要表现在以下几个方面:

(1)促进和平意识的形成

和平是世界人民的共同愿望,只有国际的和平与社会的安定才能有经济的发展、社会的进步以及人民群众的安居乐业。网球运动是建立在统一规则基础上的和平竞争,它对于人们和平行为的形成具有很好的推动作用,也就是说,网球运动有助于人们逐渐养成和平的价值取向。

(2)体现平等的原则

参与网球运动的人并没有肤色、贫富、贵贱、种族、信仰等方面的限制,任何人都能够参与到网球运动之中,这样就构建出了一种平等的、每个人都乐于接受的模式,而人的尊严、人的权利在这种平等的意识里能够得到更好的展现。正是由于人们能够平等地参与到网球运动之中,因此它也处处体现着人与人之间的平等,从而使人们更能体会到网球运动的自由性。网球运动所具有的平等性在很大程度上影响着人们以平等的观念去处理自己所面对的各种事情,从而最终形成人与人平等的观念。

(3)体现付出与收获的关系

专业的网球运动员往往需要通过发挥坚忍不拔的意志,才能取得优异的运动成绩,而一般的网球运动爱好者同样需要自身刻苦的运动训练,才能实现增强自己身体素质的目的,这也很好地体现出付出与收获之间的相互联系。

(二)网球运动与社会角色

网球运动所具有的一项重要功能就是它能够对人的有机体产生相应的影响,它不仅能影响人的生理属性,同时还会对人的心理属性产生相应的作用,从而促进人身心的健康发展。除此之外,网球运动还能够作为一种社会教化的手段来促进人的个人发展。

1. 促进人形成"社会人"

个性是指个人在其生理和心理素质的基础上,在一定环境条件下,通过实践锻炼与陶冶形成的观念、态度、习惯与行为。个性是一个人心理、生理以及社会行为特征的稳定总和,是一个人能否适应社会的关键因素。网球运动促进运动者更好地融入社会的作用具体表现如下:

首先,网球运动对于运动者良好个性的形成有着相应的调节作用。参与网球运动时,运动者在体力、情感等很多方面都需要参与其中,因此参与者的各项能力都需要达到一定的水平。从某种意义上讲,参与网球运动就是运动参与者逐渐形成正确的自我认识、自我意识、自我发现以及自我改造的过程。

其次,网球运动的双打比赛形式表现出很强的集体色彩。网球双打比赛的两名队友之间不仅需要进行互相之间的配合与协作,同时还需要学会互相弥补彼此之间的不足。通过参与网球运动的双打比赛,能够使参与者不断适应群体的要求。

再次,网球运动能够使参与者逐渐形成积极向上的性格。在网球运动中,参与者在意识的控制与调整下表现出更主动、更积极、更自觉的锻炼需求,从而使自己更加积极向上。

最后,网球运动还能够很好地培养参与者的情感。网球运动为运动参与者提供了多样化的情感体验,这也顺应了现代人对情感的多样化需求。

2. 培养人的个性与协作能力

在网球比赛过程中往往会出现很多复杂的状况,这就要求运动者要做到审时度势,同时可以对场上面临的各种突发状况进行合理应对,并果断选择相应的行动。

当在比赛过程中面对得分或取胜的机会时,运动者应该及时把握,否则这种机会就会稍纵即逝。当比赛处于僵局阶段时,运动者应该根据自己的比赛经验以及所掌握的运动技能采取适当的应对行动。网球运动为运动者个性的发展提供了很好的演练空间,运动者能够在运动过程中更好地塑造与完善自己。

(三)网球运动与人际关系

个体在社会中要想实现更好的发展,必须建立起良好的人际关系,人际关系反映了人与人之间在互动过程中所获得的心理满足。在日常生活的过程中,人们总是试图与他人建立起一种感情方面的联系,从而使自己的心理需求获得相应的满足。一般情况下,友好的关系能够给人带来一定的心理满足,自己的身心也能得到更好的发展。总之,人际关系实际上是一种情感的相互交换,只有建立起良好的人际关系才能够营造出更加和谐的社会关系。

具体来讲,网球运动对于参与者人际关系的影响主要表现在以下几个方面:

1. 提高人的沟通能力

网球技术有着其自身的特殊性,在运动者刚开始学习网球技术时,每一个动作技术都是在教师的讲解示范和参与者的练习实践中学到的,教练员与学生之间以及练习者相互之间需要不断地进行交流。因此,学习网球运动需要运动者具备一定的沟通能力,而通过学习网球运动还能够不断提高运动者的这种沟通能力。在网球比赛中特别是在双打比赛中,队友之间所进行的互相交流也是非常重要的。因此,经常参与网球运动对提高运动者的沟通能力,形成良好的人际关系非常有帮助。

2. 增强对身体语言的理解和使用能力

身体语言是人与人之间进行交流的一种重要的方式,同时也是人进行正常交流的一种必备能力。参与网球运动对于提高参与者的语言表达能力非常有帮助,网球运动的很多技术动作都能够改善运动者的身体柔韧性与协调性,从而促进运动者实现肢体动作外观与内涵的统一。因此,参与网球运动能够很好地锻炼参与者的身体语言,并使其在参与者的社会交往中发挥更好的作用。

3. 改善自我意识水平、移情能力以及社交技能

自我意识水平在人际关系中的作用具有很强的针对性。随着社会的不断发展,人们之间的相互交往较之于以前更为含蓄,通过参与网球运动能够使参与者形成更好的自我意识,并使其在不断的运动实践中转变成为一种调节自己行为的能力,而把这种能力应用于交往中可以有效提升自己的社交技能。

(四)网球运动与现代生活方式

如今,社会经济正在迅速地发展,科学技术也日益发达,人们的物质生活日益丰富。然而,科学技术的发展在促进人们生活水平不断提高的同时,也给人们带来了很大的生存压力,很多人也会因此而产生"现代文明病",造成身体健康水平的降低。

网球运动对于人们适应现代生活有着非常积极的作用,具体来讲主要表现在以下几个方面:

(1)网球运动可以有效缓解人们由于现代生活所产生的疲劳。通过参与网球运动不仅能够使人们的疲劳神经得到很好的休息,同时还可以有效缓解人们生活当中的紧张情绪,从而使人的全身实现一种平衡的状态。

(2)网球运动能够提升人们对于现代生活的适应性。研究表明,经常参与网球运动的人大多会对生活节奏的变化具有更好的适应能力。这主要是由于网球这一运动技能具有综合性,通过参与该运动能够使参与者的精神系统、心血管系统得到相应的改善,运动者的精神状态以及身体机能得到了很好的调整,从而能够更好地应对现代生活中的各种问题。

(3)网球运动可以在一定程度上丰富人们的闲暇生活。在现

代生活中,随着人们闲暇时间的增多以及健康意识的不断增强,利用闲暇时间参与各种运动的群体也在逐渐增多。通过进行网球运动训练,不仅能够增强参与者的身体素质,还能够增强人们的生活质量,更好地适应现代生活。

第四章　网球运动文化与各种文化的融合发展

在新的时代背景下,网球运动不断发展,不仅向广大群众展现出了蓬勃的生命力和巨大魅力,同时对实现全民健身目标也发挥着越来越重要的作用。本章以网球运动文化与各种文化的融合发展为立足点,分别从网球运动与休闲体育文化、网球运动与校园体育文化、网球运动与家庭体育文化三大方面展开阐析,进而有效推动网球运动文化和各种文化的融合发展。

第一节　网球运动与休闲体育文化

一、网球运动及文化的概述

伴随着时间的推移,网球运动也在逐步发展和完善,当前已经发展成了世界各国最为流行的运动项目之一。起初,网球运动仅在欧洲贵族间盛行,尽管当前网球运动已经褪掉贵族气息,发展成了集全球化、大众化、市场化于一体的运动项目,但因为网球运动在上层社会流行时间很长且积淀了厚重的文化,同时因为网球运动通常会在经济文化发展较快的地区最先流行起来,所以网球运动一直被人们视为体育运动中技术含量最高的运动项目之一。

一直以来,网球运动被很多人誉为"第二球类运动"。打网球不仅让参与者动作更加迅速、判断更加精准、反应更加敏捷,同时还能让参与者的速度、力量、耐力等获得大幅度提升,有利于发展身体协调性。长期参与网球运动,不仅能有效改善人体生理机能和心理机能,提高人的良好意志品质,同时还能愉悦身心、延年益寿。

网球运动作为时尚体育运动之一,很适宜都市人群参与。绝大部分人认为网球运动属于绅士运动,打网球运动的人往往带有温文尔雅的感觉。对于处在时代最前沿且拥有超生活理念的白领阶层以及高校大学生来说,打网球被当成是一种时尚。与此同时,网球运动没有限制具体年龄与性别,少年儿童可以在愉悦的氛围下打网球;年轻人可以在参与网球运动的过程中展示自身身体素质、身体力量以及奔跑速度;中年人和老年人可以根据自身实际情况来选择适宜的运动强度。网球运动的运动量与运动强度具备可调控性与趣味性,能够推动参与者用自身的热情和科学的强度积极参与运动,最终实现强健体魄、愉悦身心的目的。除此之外,网球运动属于隔网对垒,和肢体碰触运动存在很大差别,所以能够有效避免不必要伤害。因此,在众多体育运动项目中,网球运动项目的运动寿命最长。

二、网球运动的休闲功能

打网球不但是一项健身效果显著的运动项目,而且还是交友的有效方式,网球球场上能够营造出极为轻松的氛围,所以很适宜朋友之间的交流。伴随着我国群众生活水平的不断提升,人们开始将越来越多的注意力投入到健康方面,全民健身理念被越来越多的人接受。在这种情况下,网球运动被越来越多的人视为和商业伙伴沟通的重要媒介。

白领阶层因为工作关系,每天工作时间都需在办公室久坐,活动量相对较少,伴随着年龄的不断增长,篮球运动、足球运动以及排球运动过度激烈,同时在运动过程中容易和其他队员发生身体接触,乒乓球运动大多在室内进行,容易让人产生压抑感,羽毛球运动容易受风力影响,而选择网球则能够结合自身实际情况适当调整运动量以及运动剧烈程度。除此之外,网球运动具有很强的技巧性和趣味性,参与者每次运动都能有崭新感受。

三、网球运动及文化的独特性

作为一项体育运动,网球运动不仅很重视文化积淀,同时也特别讲究观众的观赛行为。在网球场上,粗俗举止不仅要遭受其他队员嘲笑,同时还需接受相应惩罚。从 1976 年开始,就制定了详细的职业网球赛行为规范,如滥用球拍、延误比赛等均要接受惩罚,倘若参与者在接受劝告后依旧没有改正,裁判员则有权将其驱逐出场。网球运动"礼多"的原因是:网球运动起初属于贵族运动的一种,参赛者与观众均为比较富裕的阶层,这向萌芽阶段的网球运动输入了很多与众不同的文化内涵。尽管当前网球运动开始被越来越多的人接受,但网球运动占核心地位的文化内涵依旧被保留下来。因此,网球比赛的许多礼节大多是约定俗成的,不存在特殊意义。

我国网球运动普及时间较晚,许多人没有对网球规则形成透彻认识。换句话说,参观网球比赛和听音乐会十分相似,观众要在每时每刻都严格规范自身行为,禁止个人行为干扰到参赛运动员和其他观众,所有人都要做到提前入场和按时退场,这不仅是尊重运动员,同时也能显现出观众的身份与教养。还需说明的是,允许在足球场上呐喊和欢呼,但在网球场上必须时刻处于安静状态,控制好自身情绪。在比赛过程中,赛场上禁止出现大声喧哗、随意进食等人为制造的噪声,或者做出粗鲁行为,原因在于网球运动员对环境安静程度的要求比较高,不文明行为会使参赛运动员更加敏感,受到现场观众的影响,从而对网球运动员充分发挥自身潜力产生消极作用。常言道:"礼多人不怪。"参赛观众可对自身多些自律,坚持约束自己的不良行为,最终成为一名懂礼貌、各方面素质合格的网球观众。

在国际运动赛场上,网球运动是职业化程度很高的体育项目,网球职业选手一般会用一年时间前往世界各地参与职业巡回赛,通过累积比赛积分与奖金来谋生,同时即便用一年时间也打不完每年四大洲各类网球赛事,这点是网球运动和其他运动项目的本质差别。但在大众方面,网球运动具备的特殊健身价值和特殊欣赏价值已发展成吸引人们参与网球运动的原动力,同时在经济发展、生活水平提升、现代人对精神文化需求增加的情况下,促使网球运动逐步从贵族运动走向绅士运动再走向平民运动。部分网球运动开展好的城市,城市影响力也在不断扩大,最终发展成了城市明信片之一。分析网球运动开展好的社区可知,通常这些社区的精神文明建设更加多样化,社会更具活力。对于高校来说,参与网球运动不但能进一步推动全民健身与竞技体育活动,而且还能大力推进校园文化建设,增加师生间、学生间的交流机会,有效实现团结统一,此外,成片网球场与竞技场可以成为高校独特的风景线。当前,网球运动已经融入到现代人生活的很多方面。

网球文化随着网球运动的产生而出现,随着网球运动的发展而发展。网球文化可以充分展现出网球运动的价值、精神财富、意识形态等方面的内容,其中价值是指网球运动能够发展社会经济、提升民族素养,精神财富与意识形态取决于网球运动浓郁的人文特征。分析网球文化的价值观念可知,倘若其发育成长到习俗化和大众化,则会同其他文化形式那样产生强制性规范作用,促使人们用最短时间和网球文化要求的思想模式、道德规范、行为准则处于协调状态。这同样也属于网球文化的融合作用,其属于无形的、强有力的、潜移默化的力量,能够对人们的思想与行为产生作用。除此之外,网球文化还拥有美化功能,马克思指出,人们通常会遵循美的规律来塑造事物,网球文化充分美化了网球运动本身,这在很大程度上提高了网球运动的美学附加值,促使网球运动逐步发展成了受大众欢迎的体育项目以及高尚事业,并且还使网球运动的社会程度不断提高,这都归功于网球文化的美化功能。

先进的网球文化,应当是民族的、科学的、大众的社会主义文化,同时还能对网球运动参与者以及众多观众形成巨大的感染力和熏陶。网球运动的文化含量越高,文化氛围就会越浓,人们接受的教育越多,网球文化的影响力将越大,将能吸引越来越多的人参与到网球运动中,网球运动社会化程度也将越高。在网球文化的影响下,参与网球不但能强身健体,还能提升精神境界与道德情操,提升社会文明程度,有利于民族整体素质的大幅度提升。独特的网球文化,可以推动网球运动发展成当前社会深受人们推崇的一种生活方式。

四、融合网球运动与休闲体育文化的措施

(一)加强商业宣传

由于当今社会信息发展极快,所以应当充分发挥各类媒体的宣传作用,进而有效扩大网球运动的影响力。充分运用网球运动在国际上的品牌效应和明星效应,利用球星强大的号召力以及球星代言等方式,有效强化网球文化的商业宣传,有效吸引广大群众的吸引力,进而提高广大群众在网球市场的消费水平。例如,通过利用上海网球大师赛与中国网球公开赛,通过举办国际赛事邀请世界优秀网球运动员来我国参赛,如此不仅能全方位展示优秀网球运动员的球艺,同时还能让普通观众近距离感受世界高水平球手的强大魅力,体会网球世界的魅力,最终达到大幅度增加网球运动参与人数的目的。

(二)多组织大型网球活动

倡导网球协会以及部分网球俱乐部有组织地举办不同类型的网球活动,或者有组织地举办不同类型的业余网球比赛,允许

大幅度提高比赛奖励额度,进而形成强大的刺激作用,促使更多的人参与其中。除此之外,也可以采用企业赞助的方式,使赛事规模和赛事档次获得大幅度提升,进而大力推进大众化网球运动的开展。

(三)增加网球场馆建设

在党和国家大力推进全民健身的情况下,我国网球运动开展条件获得了大幅度改善,经济发展能够为网球运动发展奠定更加雄厚的物质基础。在政府和企业大力支持的情况下,可以进一步扩大网球场馆建设,可以为网球运动大范围开展提供更加优质的硬件设施。由此不但能为网球爱好者提供更加便利的条件,而且也有利于网球消费市场的进一步扩大,让更多人通过网球运动获得健康、休闲等。

(四)增强网球文化建设

网球文化建设属于推动网球运动高效健康发展的关键要素。对于网球文化建设来说,全方位挖掘与深层次探究网球运动价值并将其上升到理论高度,是网球文化建设的第一要务。除此之外,还应深层次挖掘网球运动的艺术美,努力营造网球运动的文化氛围,这同样属于网球文化建设的关键部分。如此,不仅能让越来越多的人全面了解网球运动价值,也能吸引更多群众参与到网球运动中,积极学习网球文化。网球文化的主要内容有网球事业发展中的政策法规制定、组织机构建设、运作模式机制、网球人才培养。毋庸置疑,倘若能够尽全力完善网球文化的主要内容,则必然能使网球运动在当今社会发展得更好。要想进一步发展网球运动和网球文化,必须全面分析当代人的生活方式,充分把握和联系大众体育健身市场的最新发展动态,进而更好地满足在兴趣、运动水平、性别、年龄、职业等方面存在巨大差异的网球爱好者需求,这必然会成为网球运动发展的主要依据,如此才能更好地融合网球运动和休闲文化。

第二节　网球运动与校园体育文化

一、网球文化的本质、特点及其内涵

(一)网球运动的本质

随着时间的推移,能够把现阶段全球体育文化大体分成两种类型,一种是中国传统体育文化等为主要内容的东方体育文化,另一种是以古希腊奥林匹克思想占主导地位的西方体育文化。因为西方体育文化最开始受到雅典民族制度与古希腊文化的作用,因此绝大多数西方人信仰泛神宗教,将神的力量与智慧摆在了极为重要的位置,最终形成了只有古希腊独特的审美意识、娱乐意识、个人原则、品德修养占主导地位的体育风尚,使得西方体育文化最终成为提倡个体自由竞争,深层次开发个体潜能与智慧的文化特点。在西方工业振兴获取利润持续上涨的情况下,使得西方工业在经济领域方面的优势不断增加,所以现阶段的全球文化已经越来越趋向于西方化。

综观体育领域可知,在奥林匹克全球化程度日益深化的情况下,西方体育文化在循序渐进的过程中占据了世界体育文化的主动位置,世界各国体育文化不得不朝着西方体育文化慢慢靠近。在国外,网球文化逐步发展成了拥有鲜明代表性的体育运动项目,如今已经发展成了拥有丰富形式的运动文化,不但是对奥林匹克精神的西方体育文化思想的清晰反映,同时还体现了包括绅士和娱乐等在内的网球运动文化特征,也充分彰显了西方体育提倡的个体主义精神色彩,另外也彰显了人们追求完美、渴望表演、渴望观赏等在内的思想文化。

以网球运动的兴起国家英国为例,网球运动在起初被叫作

"绅士运动"的原因是受英国文化的影响。绝大部分人都知道,英国的"绅士"极多,要想深入研究网球文化必须先对英国"绅士文化"展开深度研究。英国有很多优秀的网球运动员,其中蒂姆·亨曼就属于代表人物之一,有人指出其充分反映了英伦网球的全部。蒂姆·亨曼出生于英国网球传统家庭,不仅有极为严格的家教,还有纯正的伦敦口音,另外也温文儒雅,却稍显拘谨。蒂姆·亨曼不但是英国网球运动员的代表,而且是英国绅士的代表,他努力将英伦优雅作风加入到网球运动场地中,他往往会身着纯白服装参与比赛,使用传统发球上网技术。继承和发扬"绅士"思想的英国网球运动,成功举办了驰名国际的温布尔登网球公开赛,培养了一批批高水平的选手,这充分表明以英国为代表的网球强国,不仅有很高的网球水平,还有十分稳固的网球文化做基础推动其不断发展。

再如,始终将力量置于重要位置的俄罗斯民族,渴望自己拥有超出常人的力量,俄罗斯著名历史学家卡拉姆津在《俄罗斯国家史》中总结出俄罗斯是自尊的民族、善战的民族、勇敢的民族,这属于俄罗斯网球文化的关键源头。拥有俄罗斯民族性格的一个代表人物就是俄罗斯前总统叶利钦,正是因为斗志使得叶利钦在政治方面取得了巨大成就。俄罗斯总统安全局原局长科尔扎科夫曾回忆说,他在任职叶利钦保镖时总是充当叶利钦的网球陪练,基本隔一天就要打一次网球,1991年其与知名网球教练沙米利塔尔夫配对双打,要想打赢他们的难度十分大。除此之外,叶利钦还多次亲自前往网球比赛场地鼓励俄罗斯网球运动员,能够看出他十分喜爱网球运动。俄罗斯的网球运动与俄罗斯人的个性极为贴近,该国人民将民族文化精神与网球运动密切联系在一起,有机结合后的运动文化有力推动着俄罗斯网球运动的发展进程,在坚韧不屈的意志作用下,俄罗斯网球文化逐步朝着发展高潮迈进。所以说,网球运动不仅反映了外在运动特点,还反映了对人精神世界的作用。

通过对英国和俄罗斯两个国家反映出的网球文化加以分析,

第四章　网球运动文化与各种文化的融合发展

能够得出网球运动实质就是在坚持寻找公平竞争、个性解放的社会文化环境中诞生的。当前,热爱网球运动的人分布在不同年龄阶段和不同阶级层次,同时网球运动独有的内涵对网球运动爱好者形成了强大吸引力,不管是分布在不同年龄、不同阶层的休闲体育爱好者,还是竞技产业参与者,都把网球运动视为达到自身向往目标而"自由"服务的运动。

产生现阶段网球运动文化氛围的原因是:全面反映了网球运动的竞争性特点、娱乐性特点、秩序性特点等。立足于这一层面加以剖析,一个国家网球文化发展一定会促进该国网球事业朝着多元化方向发展,最终使得社会持续向前发展。网球运动可以一直盛行并且受到越来越多人的喜爱,必然存在不可替代的存在价值。分析网球运动发展历程可知,自网球运动刚刚产生就拥有贵族血统以及稳固的文化基础,并且也是一项十分时尚、能够彰显个性的运动,极具动感节奏和野性特点,在整个运动过程中传承了公平、竞争、礼仪等文化精神。

(二)网球文化的特点

网球运动发展时间很长,法国是网球运动的孕育国家,英国是网球运动的诞生国家,美国是网球运动的普及国家与发展到高潮的国家,现如今网球运动已在全球范围内流行。由于网球运动经历了孕育、形成、发展、成熟四个发展阶段,所以该项运动又叫"贵族运动"。网球运动发展过程中融合了很多国家、很多民族、很多文化形态的因子,最后形成了特殊内涵,特殊内涵是指不同时代包含不同的时代特征。

首先,网球文化是物态文化。网球活动是达到自我完善和自我发展的一种重要物质形式。参与网球锻炼,不但可以使参与者的身体形态和身体机能得到大幅度改善,而且能让参与者反应更加敏捷,精力越来越旺盛,在参与过程中慢慢掌握不同类型的体育锻炼方式,逐步养成比较好的锻炼习惯,最后彻底达到终身体育目标和全民健身目标。

其次,网球文化是精神文化。网球运动一直存在的特征对人类精神世界有重要作用。经过一百多年的发展与积淀,现代网球运动的特点越发鲜明,网球运动不仅拥有文明、开放、时尚的特点,同时还拥有注重礼仪、大胆创新的特点。这些特点使得网球运动即使是在规则严格、竞争激烈的情况下,依旧拥有相互尊重、团结协作的高尚精神,这些均能逐步作用于网球运动参与者,这明显体现了精神文化在运动过程中的具体作用。

再次,网球文化是制度文化。就网球运动参与者而言,网球运动比赛规则和网球运动比赛制度是规范和约束。

最后,网球文化是行为文化。网球礼仪能够有效规范球员的行为、队员的行为、其他参与者的行为,这对网球运动参与者养成较好的行为素养有积极影响。在网球比赛的过程中,运动员和观众的举止必须做到有礼遵纪,如网球运动员要保持衣装整洁,观众不可在比赛过程中随意移动和大声喊叫,运动员彼此间、运动员与观众之间要注重文明礼让、相互尊重等,这些都是网球运动的不成文规定,都明显体现了参与网球运动的所有人员之间的相互尊重,也体现了对人类尊严的重视。

(三)网球文化的内涵

文化是指人类在长期社会实践中创造出的物质财富与精神财富之和。人在文化的众多内容中占有核心地位,一般文化包括物态文化层、制度文化层、行为文化层、心态文化层。

网球文化是网球运动起源时本身固有的品质和内涵,随着时间推移逐步发展和积淀而成的。网球文化的四个层次同样是物态文化层、制度文化层、行为文化层以及心态文化层。网球物态文化针对于器物层,是指心态文化的影响过程中,在制度文化与行为文化的双重作用下体现出来的物化产品;网球制度文化与行为文化针对于方式层,是网球心态文化具体到网球运动中产生的具体规范和具体准则,是一种集体行为;网球心态文化针对于精神文化,占有主导性地位,不但在网球文化中占有核心位置,而且

第四章　网球运动文化与各种文化的融合发展

也属于网球运动在价值观念、思维方式以及审美情趣等内在思想观念的指导与协调。

换言之,网球运动的物质文化、制度文化、思想文化、行为文化共同构成了网球文化,网球文化具体包括网球运动知识、网球运动制度、网球运动行为准则、网球运动技能等。网球文化特征和校园体育文化所提倡的特征存在内在的一致性,网球运动作为舶来品的一种,从起初进入校园就深受青年人喜爱,并且网球运动内含的文化对高校大学生还有逐步影响的功能。由此可知,彼此推动、相辅相成是网球文化与校园体育文化之间的关系。网球文化是校园文化的重要构建环节,就体育类高校而言,体育文化在校园文化中拥有主导位置与核心位置。网球文化是体育文化的一个组成部分,校园体育文化发展一定能带动网球文化的发展。

在社会可持续发展的过程中,人们已从追求生存过渡到了追求发展,同时尝试体会生活中不同形式的快乐,尤其在意身体和心理的全面发展,所以参与体育锻炼的人数不断增加,伴随着每年休息时间的不断增加,广大群众的休闲时间越来越多,这也象征着我国休闲时代即将来临。在休闲和健身快速发展的当下,校园体育占据了很大的比例,越来越多的大学生在课余时间主动参与各种类型的体育项目,进而实现提高身体素质以及愉悦身心的目的。在很长时间内,校园内参与网球运动的大学生数量不断增加,这在一定程度上带动着校园体育文化的前进,导致我国校内网球场地面积持续扩大。

在网球运动热潮不断升温的情况下,网球运动利用大学生喜爱的表达方式,顺利吸引了很多大学生,网球运动参与者中大学生数量稳步上升。大学生在参与运动的过程中,不但能够慢慢掌握网球运动的各项基本技术,还能体会到网球运动的规则、礼仪、协作精神,从而站在特殊角度来认识网球文化。在校园网球人口持续增多的情况下,有利于促进网球运动发展和传承,在校园体育文化的长期引导和带动下,具备鲜明校园文化特色的校园网球文化慢慢形成。

二、校园文化的特点及其功能

(一)校园文化的特点

作为社会文化的一分子,高校校园文化必然会受到主导文化的影响与制约。但校园文化作为"相对独立"的文化形态,同时又具备自身独有的特点,具体如下:

1. 相对的超前性

相对来讲,高校不但有掌握很多知识的群体,而且有切实可行的信息传播手段。和其他相比,校园文化更容易体现新思潮和新需求,文化信息更加先进,文化热点形成速度更加迅速,拥有一定的超前性。

2. 广泛的参与性

校园文化涉及范围极为全面,同时渗透在教学、科研、后勤、行政管理等所有领域,这在客观上决定了校园文化广泛的参与特征。

3. 内容的多样性

因为高校师生兴趣广泛,所以校园文化在内容方面更能体现其多样性。

(二)校园文化的功能

校园文化是社会一般文化在学校的特殊组合,校园文化的基本功能主要有以下几个方面:

1. 教育导向功能

我国高校的校园文化,是以马克思主义为指导,对我国民族

第四章　网球运动文化与各种文化的融合发展

优秀文化传统美德展开积极继承与发扬,努力彰显出健康、文明的校园文化。校园文化不仅能有效提升教师与学生的思想觉悟与认识能力,还能有效塑造教师与学生健康美好的心灵。健康、丰富的校园文化活动属于课堂教学与社会实践的交汇点,其不但能对课堂教学缺陷加以弥补,同时也能发挥对课堂知识的巩固作用,有力拓展学生的知识领域,有效激发与发挥学生的各方面潜能,对学生多项能力展开有效锻炼。

2. 渗透和熏陶功能

校园文化不仅能客观呈现校园主体人格,同时还能全面彰显教师和学生在理想人格与自我完善方面的追求,此外也能时刻影响教师和学生学习与生活的所有环节。校园的学习环境、生活环境、校风、学风均属于无形且深刻的力量,能够对师生发挥潜移默化的作用,最终产生共同价值取向,达到行为举止方面的趋同。

3. 管理和规范功能

一般来说,校园文化是利用学校多项规章制度,向教师和学生申明学校鼓励、限制以及禁止的各项内容;利用奖励与惩罚两种手段,使教师和学生形成荣誉感与羞耻感,促使学生明辨是非曲直,自觉远离不正之风;利用教育来申明各项要求与相关规范,促使学生逐渐将高尚动机转化成正确行为,最终使学生养成好习惯。校园文化不仅能有效凝聚学校发展过程中逐步确立的优良传统与创新精神,同时还能创造出健康文明、生命力旺盛的校园精神氛围,其可以让每一位师生产生为达到学校目标而积极努力的强烈归宿感与自豪感,最终有效发挥其无形的规范力量。

4. 筛选与激励功能

学校校园文化以及由此产生的集体心理定势,对所有外来文化与信息均有筛选功能,校园文化显著的选择性是筛选功能的主要来源。与此同时,校园文化还具备一定的稳定性,其形成过程所需的时间较长,形成之后的改变难度相对较大,通常会呈现出一定的稳定性与相对独立性。除此之外,优秀校园文化有激励人前进的作用,可以增加每一位教师与学生对学校的认同感、自豪感以及荣誉感,使每一位教师和学生对自身理想更加坚定,有效激发教师的工作热情以及学生的学习热情,有效升华学校的凝聚力。

5. 传播与辐射功能

校园文化属于构成社会文化的关键部分。和其他文化相比,校园文化的教育性与辐射性更加显著。校园文化属于教育管理文化之一,其产品是人而并非物,其追求效益属于精神文明与物质文明的总和,属于文化效益之一。校园文化不仅能向社会各个领域输送合格的现代化人才,也能对自身优秀文化展开有效传播与辐射。校园文化可以持续孕育出新思想与新观念,有效推动社会文化的可持续发展,另外校园文化成果可以通过多条途径朝社会辐射,向社会文化施加潜在影响,最终发挥积极促进作用。

6. 娱乐与消遣功能

保障校园文化的健康性与趣味性,不仅能向教师和学生传输丰富的精神食粮,同时还能对教师和学生的精神进行调剂,使师生维持乐观向上的情绪,还能对学生的思想情感发挥启迪作用与陶冶作用,对学生身心健康发展以及积极参与学习均有激发功能。

校园文化的基本功能并非是孤立的,而是彼此联系、彼此作用的有机整体,彼此作用的最终结果是形成良好的育人环境。因此,掌握校园文化特征具有很强的必要性,要对校园文化展开科学控制、科学引导、科学设计,只有这样才能高效实现培养个性鲜明、情趣高雅、智能结构合理、政治方向明确、品德高尚、全面发展的人才目标。

第四章 网球运动文化与各种文化的融合发展

三、从网球运动中挖掘我国高校校园文化建设的途径和方法

(一)以体育教师的表率和示范作用进行高校校园文化建设

在教书育人过程中,教师占有主导地位,教师的行为举止、思想品德、教学观点均对学生有潜移默化的作用。教师的表率作用,特别是体育教师在身体方面与行为语言方面的健康审美表率作用,对学生身体活动课中的德行教育发挥着关键作用。在高校校园文化建设过程中,学生扮演着主力军的角色。教师可以在网球运动过程中,把自身高尚品行传递给学生,最终将网球运动作为重要途径来有效推动我国高校校园文化建设。

(二)在体育课教学中树立学生典型进行高校校园文化建设

综观体育教育过程可知,集体学习氛围与学习风气对全班学习状况有关键影响,所以在网球教学过程中,特别是在身体素质教育过程中,要将认真学习、坚持锻炼、提升较快的学生当成其他学生的典型,将典型学生的亲身经历与可取经验作为说服教育的内容,进而有效带动全班学生,让绝大部分学生建立锻炼提高的自信心,最终形成具有巨大影响力的自我教育团体,真正实现对全体学生的全面教育,进而对高校校园文化建设发挥积极作用。

(三)结合具体的网球教学与训练内容进行高校校园文化建设

在开展网球课的过程中,应当有机结合详细的教学内容,进而增加学生德行教育与校园文化建设的实践性。例如,在教学比赛过程中,应当大力培养学生的诚信原则,将诚信制贯彻到教学

比赛的所有环节。在比赛过程中,难免会出现误判与错判,针对这种情况教师在比赛开始前就应说明诚信比赛的要求与意义,学生可在自身体验的基础上,对自身品德与言行加以实践与检验,逐步塑造出自觉自律、实事求是的性格特征,使教材内容和教育实践实现有机结合,最终从根本上推动我国高校的校园文化建设。

四、网球文化对大学校园体育文化的影响

(一)网球文化能够提升校园体育文化境界

就当前而言,网球运动属于流行速度和传播速度较快的时尚运动,参与网球运动的大学生不断增加,网球运动文化建设是提升与推动校园体育文化的关键部分,也是发展整个校园文化的关键部分。

体育文化的重中之重是:强身健体、增加知识、调节感情、增强意志,最终全面提升参与者的身体素质。网球文化重点发展参与者的精神品质,着力培养身体和心理全面发展的人才。网球运动的运动强度大且速度快,参与者必须具备很强的体力以及较快的反应能力,参与网球运动能有效发展参与者的身体协调性,提升参与者的各项身体素质,增加学生表现自我的机会,有效强化学生的应变能力与处事能力;网球运动重视团队配合与合作,学生在参与网球运动与比赛的过程中能够清晰地认识到团队合作的必要性,从而有效提升"利他"意识与共赢意识,在潜移默化中形成拥有"大爱"精神的人;网球运动在制度与规则方面均比较严格,积极参与网球运动可以有效培养学生在竞争过程中的进取意识与自我约束意识;网球运动源远流长、健康文明,集传统性与时尚性于一身,不仅拥有深厚的文化韵味,同时也拥有浓郁的动感魅力,大力推动学生参与网球运动,积极汲取丰富多样的文化养分,能够对学生形成健康的人生观与价值观产生积极影响,最终

第四章　网球运动文化与各种文化的融合发展

加快实现学生的人生目标与人生追求。

从整体分析可知,网球运动可以培养具备"大爱"精神的全面发展人才。对校园网球文化展开主动思考和构建,不但能利用网球运动健身来有效锻炼学生身体,还能使学生逐步形成健康向上的精神,不断丰富学生的业余生活,不断增强学生的沟通能力,全面塑造学生的人格修养。因此,和谐、健康的网球文化可以有效升华校园体育文化乃至校园文化,为终身体育以及全民健身奠定坚实的基础。网球文化和校园体育文化之间拥有紧密联系,但怎样利用网球文化来有效影响校园体育文化,或者利用网球文化来对学生展开精神培育,属于校园网球运动急需解决的问题。

1. 网球文化能够传播"以人为本"的竞技体育文化

校园网球文化和校园生活具有紧密联系,网球文化是将学生设定为主体,在体育课和课外活动中进行的,将校园设定成生存空间,同时和校园精神彼此贯通。在这一独特环境下产生的校园体育文化,可以有效培养学生的体育精神、体育意识、体育技能,提升学生的体育文化素养,推动学生的身体健康,高校网球文化就是为实现该目的而贯穿在高校体育活动的全过程中的。

2. 高校网球文化的主要传播方式

提升教师文化素养,教师需要在技术过关的情况下深度了解网球文化,在网球运动教学过程中渗透运动精神,学生在潜移默化中感受文化内涵,进而让网球运动文化内涵深入到学生思想中,如此能够对学生把该理念灵活运用于未来生活产生积极作用。

3. 竞技体育具有育人的功能

在竞技运动过程中,竞技育人是一个极为关键的部分,具体是指利用运动竞赛来有效提升运动员多项素质的教育方式,具体有科学认识奥林匹克精神,主动正确取胜机会,客观对待比赛胜负,加强团队合作精神,建立强大自信心等。由于运动竞赛不但属于检验竞技运动质量与效益的关键环节,而且属于运动员代表集体夺得荣誉的过程。在竞技赛场上,往往会因为各方面利益的交织以及情感的迸发,而出现运动员和裁判、对手、观众乃至组织者的冲突,该问题属于让竞赛组织者与参赛者都颇感棘手的问题。尽管比赛与育人貌似属于两个不同范畴,但竞技体育要想从本质方面解决这些问题,一定要将竞赛育人的重要性与必要性摆在重要位置,如此才能从根本上减少赛场上的矛盾源,全面提升运动员的身体素质和心理素质,并且还能有利于运动员在比赛过程中维持稳定心态,有效发挥最佳竞技技能,最终更加全面地阐释当代奥林匹克精神。

4.通过网球运动推进人文教育

对于高校来说,可以适当增加网球课程的学时量,有效发挥网球运动独有的育人价值,网球运动得天独厚的高雅气质,运动过程中表现出的顽强、决绝、团结协作,以及网球文化中的竞争意识、高雅礼仪、竞技育人功能,充分地把"科学与人文"的教改思想融入到了网球课程体系当中,同时对有效完善学生人格修养有积极影响。

5.以网球交流为载体弘扬人文精神

对抗和竞争是竞技体育的关键,在竞争过程中其能有效激发人的潜能意识,增强荣誉感和自信心。在校内以及各高校间,应当适度增加校际网球比赛的举办次数,有效提升学生参与网球运动的热情,推动网球运动的健康有序开展,努力营造出健康向上的网球文化氛围。各类高校应当不断加快网球协会或网球俱乐部的建立步伐,各个学院应当对相关活动予以资金支持,俱乐部应当积极强化学校之间的网球交流活动和竞赛活动,进而有效增强网球运动在校园体育文化中的影响力,同时在校园内利用多种宣传方式来大力开展网球文化宣传,使得更多学生感受网球运动的独特魅力,激发学生参与网球运动的主动性,同时以此来有效提升学校的影响力。

(二)网球文化能够培育大学生文明的思想及行为方式

1.竞争进取的意识

网球运动对参与者的体力要求与耐力要求相对较高,能够培养参与者的竞争精神与持久性。网球比赛对比赛时间没有做出严格限制,出现平分后必须领先两分才可赢得一局,所以综合水平相似的选手间的比赛会异常激烈。驰名中外的网球运动员在比赛场上持之以恒的决心与毅力能够鼓舞很多球迷与网球爱好者,他们不但彰显出了极高的技术水平,同时还彰显了积极进取的精神。在网球运动过程中,比赛胜负并非是比赛的重中之重,而是有效展现训练过程和比赛过程中的、目标明确的力量的对抗、耐力的竞争意识以及全身心投入,还有选手与参与者在赛场内外的表现。在竞争异常激烈的今天,现代大学生必须树立清晰可见的目标,同时还需逐步形成坚持不懈、积极进取的竞争精神,全身心地投入到网球运动中。

2.文明高雅的礼仪

文明和高雅是网球运动的重要特征,其能"将一切粗暴的行为在一种温文尔雅的氛围中释放出来,整合在一起"。例如,在训练与比赛过程中,往往会出现球员因自身失误向对方致歉的现象,同时也有发自内心称赞其他球员的现象。由此可知,严密规则对网球运动具有制约作用和规范作用,这对参与者规则意识的培养具有积极影响。与此同时,观赏网球比赛还能使人们形成良好的礼仪习惯,网球比赛要求观众必须保持礼貌、冷静观赛,观众的行为举止是网球礼仪的重要组成部分。由此可知,网球运动属于传递礼仪的活动之一,对参与者的个性完善具有积极作用。

3. 公平竞争的原则

分析网球运动的规则可知,其给予任何一方运动员的机会都是均等的,为使网球比赛的公平性得到有效保障,在比赛尚未开始之前会通过抽签或抛硬币,来决定出首局率先发球的一方。选择出发球或接发球之后,由对方选择挑边决定场地方向。首局比赛结束后,比赛双方交换发球权,发球员和接球员分别变为接球员和发球员。在此之后,每局结束后都互相交换发球顺序,直到比赛结束。因为网球比赛受存在风向和面向阳光等场地因素的影响,所以网球比赛过程中需要时常交换比赛场地。当比赛双方都获得三分时,裁判员呼报为"平分",平分后必须领先两分才可计为赢得一局。在网球比赛规则的多个方面,均彰显着比赛的公平竞争与人文精神,在网球运动严密制度性与公平性的影响下,使得网球运动不断朝着稳定健康的方向发展。对于高校网球文化来说,是指网球文化在大学校园中呈现与发展出一种特定文化现象,学生是网球文化的主体,校园是网球文化的产生环境,从网球文化产生开始就属于校园文化的一个组成部分,所以网球文化必然会受学校管理制度的作用。网球规则和学校管理制度相互融合,最终产生了学校网球的制度文化,不断对每位师生的言行举止发挥规范作用,使得校园网球文化不断向前发展。

4."以人为本"的品质

在网球运动过程中,教师不可以单方面传授网球技能,还需把育人摆在重要位置,运动过程中体现的良好素质属于校园网球教育以及文化教育的结晶,所以应当主动探究与推动网球运动的人文教育,将"网球教学"转变成"网球教育",将培养与提升学生实际能力作为核心内容,对过去的教学思想、教学方法、教学手段进行积极转变,主动接受与学习新技术、新观念,保障每堂课均有崭新的内容,努力营造出共学共进的学习环境,最终打造出别具一格的教育体系。不断增加体育教学改革的深度,将全面推进素质教育作为人才培养要求,因为现代体育教学具备灵活性特征与多样性特征,积极建立以"学"为主,同时还将学生学习的教育理念放在了重要位置,产生了激发学生创新能力与实践能力的良好氛围。因此,网球教育的首要任务是"以人为本",重点培养学生的人文精神和人文理念,大力传承网球文化,深度掌握国际网球运动的人文思想、科学原理、教育方式以及基本理论知识,不断激发与提升学生学习网球运动的积极性,即主动地"参与网球运动",进而为培养学生在网球方面的人文精神、创新精神以及实践能力打下坚实的理论基础。

第三节 网球运动与家庭体育文化

对于处在少年儿童阶段的网球参与者来说,其正处在身心发展的初级阶段,少年儿童网球运动的启蒙训练是指对参与训练不久的少年儿童展开启发、诱导,同时向其传授网球运动基本知识的过程。由于网球运动启蒙训练和心理健康教育、生理健康教育、家庭、学校、社会心理等方面有着紧密联系,所以本节仅将少年儿童网球运动启蒙训练设定为研究网球运动与家庭体育文化的出发点与立足点,从而深入阐析网球运动和家庭体育文化融合发展的意义。

一、少年儿童网球运动启蒙训练的概述与兴趣培养的意义

21世纪不但是经济快速发展的时代,而且是人才培养快速发展的时代。少年强则国强,少年富则国富,少年进步则国家也会随之进步,少年儿童是我国发展的未来。分析21世纪的可持续发展战略可知,持续稳定地培养少年儿童,是教育的重中之重。推动少年儿童参与到体育运动中,一方面体现了提升身体素质的

重要性,另一方面也是为把结合心理教育培养方面把其当成重点。分析我国整体国情可知,少年儿童参与网球运动的起步时间比较晚,普及率相对较低,普及范围还需进一步扩大,普及范围在地域方面还存在较大差异,对于部分网球运动发展较早的地区或经济发达地区来说,网球参与人数相对较多。在学校体育方面,仅有部分省市将网球运动设定为一门课程,网球项目的自身特点也是出现该现象的限制因素。近几年来,伴随着我国网球事业的可持续发展,少年儿童参与网球运动的范围持续扩大,参与网球运动的人数不断增加,我国各个地区举行各类比赛的次数不断增加,每年均会举办青少年网球巡回赛,各地也会相继举行不同种类的锦标赛,进而有效促进少年儿童网球运动的可持续发展。但需要说明的是,和羽毛球、乒乓球等项目相比,现阶段参与网球运动的少年儿童人数相对较少。除此之外,我国网球管理中心也付出了很多努力,不断加大培养少年儿童网球运动参与者的力度,不断培养和加大我国网球运动的后备力量,这些方面均表明我国网球运动早已将培养少年儿童网球运动员当成了重点。

(一)少年儿童网球运动启蒙训练的概述

少年儿童不仅是我国未来发展的接班人,还是我国未来事业发展的希望。在经济高速发展、信息化与综合国力竞争日益激烈的时代,人才涌动此起彼伏。在现阶段,我们需要全面发展和高素质的人才。全面发展的高素质人才是指具备多方面技能和灵活应变能力、持续学习的欲望能力、团结协作意识的能力,积极进取,创新精神、独立性、自信心、道德品质、个性全面综合发展。当前,我国教育形式正在逐步由应试教育转变为素质教育,素质教育是指德、智、体、美全面发展,全面素质教育是培养少年儿童拥有较高的生理性素质、心理性素质以及社会性素质等。

少年儿童网球运动的启蒙训练具体是指对参与网球训练不久的少年儿童加以启发、诱导、传授网球运动基本知识的过程。对于少年儿童网球启蒙训练来说,第一步是积极引导少年儿童正

第四章　网球运动文化与各种文化的融合发展

确认识网球运动,在少年儿童参与网球运动的过程中,有效激发少年儿童对网球运动的兴趣,积极传授网球运动的各项技战术,有效提升少年儿童的运动心理能力、身体素质以及智力能力。在全过程中,少年儿童网球运动参与者可以高效掌握网球运动的各方面知识,对其今后在网球运动方面的发展具有深远影响,切实可行的网球启蒙训练在培养终身体育方面发挥着重要作用。

少年儿童处在身心发展的关键阶段,该阶段是运动发展关键期。少年儿童运动关键期是指学习特定运动能力的最佳时期。在该时期,少年儿童学习能力属于最敏感、最容易的时期。网球运动启蒙训练对引导少年儿童掌握各项运动技能,增强少年儿童对网球运动的兴趣均具有极为关键的作用。在启蒙训练初期,可以大体认清少年儿童掌握网球运动技能快慢的程度。我国教育学者指出,少年儿童关键期成熟或早或晚,不管处于成熟的早期、中期、晚期均对少年儿童训练有重要影响,早期属于开始学习的最佳时期,中期仅次于早期,晚期者获得效果不及早期和中期。在网球运动启蒙训练过程中,部分少年儿童远远超出了学习特定技能的关键期,之前他们已经积累了特定学习运动技能的知识经验。然而,部分少年儿童并未发育至运动关键期或在关键期并未对少年儿童展开行之有效的锻炼。因此,在网球启蒙训练的开始阶段,少年儿童在学习和掌握网球基本技能的过程中,就会出现掌握技能时间或快或慢的问题。在启蒙训练的过程中,教练员应当及时反馈少年儿童学习各项技能的实际情况。网球运动启蒙训练,能为少年儿童更早掌握网球基本知识技能奠定更加坚实的基础。在启蒙训练过程中奠定坚实的网球运动基础,对未来运动发展均会产生不同程度的效果。

网球运动启蒙训练对少年儿童的作用主要体现在以下几点:

(1)建立良好的运动习惯。习惯是从小养成的,良好习惯可以影响人的终生,但良好运动习惯是从我们学习特定技能开始逐步养成的。习惯是指个体对特定事物或某件事情的倾向性,一旦个体习惯养成,则改正难度就会相对较大。良好习惯有利于个体形成较高素质,坏习惯则会对个体发展产生消极影响。因此,在网球启蒙训练过程中,养成良好运动习惯对个体未来掌握网球运动技术、战术、心理发展具有重要影响。

(2)激发少年儿童运动潜能。个体潜能是没有界限的,当个体潜能被激发出来时,其就具备无限能力来战胜各项困难。因此,充分激发少年儿童在网球运动方面的潜能,不但能使少年儿童更加主动地参与到网球运动中,还能使少年儿童在参与过程中感受成功带来的喜悦,进而在心理上获取成就感,最终使得其自信心得到有效增强。

(二)少年儿童网球启蒙训练中兴趣的培养

1. 少年儿童网球运动兴趣的定义

兴趣是最好的老师,当个体兴趣被激发后,则能对事物产生无限的热爱。兴趣是指个体努力认识和探究事物的心理倾向,其是个体参与某项活动的主动性的重要标志,属于个体的主观能动性,此类主观能动性和积极的情绪色彩具有十分紧密的联系。但是,少年儿童的网球兴趣属于少年儿童力求主动与优先参与网球运动的心理倾向,属于参与网球运动必须联系的意向活动。倘若少年儿童在网球运动方面有着浓厚的兴趣,则会主动参与其中,并且全身心地投入其中,活动结果将是需要的满足并依次获取良好的情绪体验。

促使少年儿童对网球运动产生浓厚兴趣,就需在启蒙训练开始阶段做好各项准备工作。由于少年儿童在心理发育上还不成熟,著名儿童心理学家指出,少年儿童的好奇心并不完全取决于物体的物理特性,相反需要参照他和主体的以往经验的具体关系,过于熟悉则难以引起人们注意,完全陌生则会难以和主体现有经验联系在一起,同样难以激发人们的兴趣。因此,在少年儿童网球运动启蒙训练的开始阶段,培养少年儿童网球运动兴趣具有强烈的必要性。

2. 少年儿童兴趣的特点

少年儿童正处在身心发展的关键时期,分析该时期少年儿童的心理发展可知,其自我意识、情绪、思维能力、性格、情感均已逐步形成,在选择事物方面有了自己的见解。然而,少年儿童正处在心理发展的重要阶段,随着年龄的不断增长,少年儿童的心理发育也会出现波动。少年儿童心理发展还没有真正成熟,各年龄阶段均有相对明显的特征,具体表现如下:

第一,少年儿童的兴趣具有广泛性特征。少年儿童天性活泼好动,对体育活动有极为广泛的兴趣,少年儿童只要能活动就会觉得十分开心,常常会表现出兴致勃勃、废寝忘食的状态。在好奇心的驱动下,少年儿童能对任何事物产生浓厚的兴趣,主要原因是他们想要认识更多趣味性强的事物,趣味性强的事物能促使少年儿童全身心地投入其中,有效扩大少年儿童兴趣活动的范围,激发少年儿童对新型事物的好奇心,试图了解各项事物的本质,最终产生很多疑问。

第二,少年儿童在兴趣方面存在不稳定性。少年儿童大脑发育还需进一步完善,对各项事物的认识还处在相对肤浅的层次,还难以拥有持之以恒的意志,受到外界干扰的可能性相对较大。当少年儿童对某项体育活动产生兴趣后,但在周围事物以及相关人员的影响下,兴趣出现转移的可能性极大,该阶段少年儿童心理发育的稳定性相对较差,伴随着少年儿童年龄的增长,心理发育会不断成熟,各项兴趣也会慢慢趋于稳定。

第三,少年儿童的兴趣存在片面性。少年儿童想要了解新近出现的事物,他们在思维能力和逻辑推理能力上还有待进一步完善,通常在初级发展阶段会将形象思维作为主要内容。随着年龄的不断增长,会逐渐转变成逻辑思维,对事物会有更加深刻的理解。因此,在少年儿童的兴趣发展阶段,常常会出现仅喜欢好奇事物的表面形状,如好奇颜色鲜艳、造型独特的事物。当少年儿童好奇的事物在表现形状上丧失吸引力后,少年儿童往往会出现厌恶情绪,其兴趣也会随之消失。

第四,少年儿童的兴趣存在阶段性。在心理方面少年儿童依旧处在发育阶段,心理的指向性还处在不稳定状态,仅仅能注意到部分事物的表面形状或颜色,往往会表现出爱不释手的状态,但伴随着时间的推移,他们会将曾经喜欢的事物遗弃在一边,过一段时间则有可能再次喜欢上他们过去感兴趣的事物,原因是少年儿童在心理上对事物本身存在片面认识,注意力发展转移的可能性相对较大,心理产生波动的幅度相对较大,受外界环境的作用相对较大。

3. 少年儿童网球运动启蒙训练中兴趣培养的作用

广泛性、广阔性、持久性是个体兴趣的重要特征。兴趣能够有效激发人们的热情以及对各项事物的求知欲望,从而有效激发人们对特定事物的想象,推动人们持续深入、持续钻研,最终实现富有创造性的学习与工作。

(1) 少年儿童网球兴趣的指向性作用。少年儿童对网球运动有浓厚兴趣,则会主动参与其中,全身心投入到网球运动中,参与网球运动不仅能给予参与者丰富的情绪体验,同时还能使其心理需要得到最大限度的满足,有效疏解内心压力。在参与网球运动过程中,少年儿童常常会表现出不知疲倦的状态,随着少年儿童年龄的增长其在网球兴趣方面的指向性会越发明显,同时会逐步呈现出稳定性特征,有时还会把网球运动当成终身的体育运动。

(2) 少年儿童网球兴趣的强化作用。培养少年儿童网球兴趣可以充分激发少年儿童的学习动机,使少年儿童的学习动力得到有效强化。少年儿童网球兴趣与其认识活动中的注意力、想象力、思维力、创造力等因素具有密不可分的关系。少年儿童形成网球兴趣,不仅有利于其在学练过程中控制注意力以及集中精力,也有利于其全身心投入到网球练习中,如此不但可以有效激发少年儿童学习的积极性,还能将激烈的网球运动所产生的疲劳转化为愉快的情感体验。激发少年儿童学习兴趣对少年儿童今后参与网球运动具有重要影响,同时,培养少年儿童网球兴趣对当前开展的网球学习也有积极影响。少年儿童在练习网球的过程中,通过激发产生的兴趣会让其认真学习相关知识,同时也能使其创造性地完成各项任务。

(三)少年儿童网球运动启蒙训练兴趣培养的过程

在少年儿童网球训练的启蒙阶段,全面掌握该年龄段运动员的心理个性特征以及培养少年儿童对网球运动的兴趣是极为关键的。少年儿童兴趣过程通常是由好奇到喜欢再到热爱的过程,该过程也属于促使少年儿童把网球运动当成终身体育运动的重中之重。

在少年儿童网球训练的启蒙阶段,其往往是在家人或亲友的推动作用下,才参与到网球运动中的。无论少年儿童网球运动参与者是在什么情况下参与的网球运动,其网球运动兴趣均会在参与过程中逐渐被激发出来。教练员应当对少年儿童参与网球运动的动机展开科学引导,一方面要使少年儿童主动参与网球运动中,另一方面还要使少年儿童在训练过程中深入感受网球运动的独特魅力。需要说明的是,少年儿童的网球兴趣具有不稳定性与阶段性特征,原因是训练过程中部分因素会带给他们不开心的情感体验,进而使得少年儿童的兴趣在参与过程中出现阶段性问题。但在参与网球运动的过程中,倘若少年儿童最终能战胜各项困难,则会重新喜欢上网球运动,并且持之以恒地参与其中,这属于网球启蒙训练过程中经常出现的现象,又被称之为启蒙训练中兴趣不稳定性阶段。

由此可知,在少年儿童参与网球运动的初期,教练员应当主动通过科学的训练方法来正确引导少年儿童网球参与者,使少年儿童参与者全面认识网球运动,使其建立对网球运动的初步印象,在其脑海中构建出清晰可见的训练目标。在持续设定阶段性目标的过程中,应当让少年儿童真正感受到完成目标的成就感,如此方可从根本上消除少年儿童运动员既憧憬又退缩的矛盾心理。在该阶段，教练员应当对少年儿童运动的心理展开科学引导。在训练语言方面，应当增加使用鼓励性语言和肯定性语言的频率，对于必须指出的缺点，则应当采取先肯定后指出的原则。对于训练目标，则应当设定集简洁性和实效性于一体的训练方法，使得少年儿童网球参与者在潜移默化中掌握与网球运动相关的基本知识，建立对网球运动的初步感知。

二、少年儿童网球兴趣的培养与终身体育观念形成的重要性

作为延续的体育运动，终身体育在人的一生中占有极为关键的地位。对于终身体育培养，应当从少年儿童时期开始，少年儿童网球兴趣养成应当自启蒙训练中开始培养。人的发展经历往往需经历各个年龄阶层和各个年龄时段，由于日常生活中会经历各种各样的事情，所以人内心往往需要接受极大变化，但体育运动爱好形成后不容易发生改变。运动对于生命具有重要意义，从少年儿童时期就推动其积极参与体育活动，有利于他们养成好的体育运动习惯。当培养网球运动兴趣处于启蒙训练初期时，应当充分使少年儿童感受网球运动的重要性与价值，即参与网球运动能提高他们的身心素质和运动能力。因此，综观少年儿童一生参与的体育运动可知，启蒙训练时期的兴趣培养占有关键地位。少年儿童网球兴趣的养成对其网球运动喜好具有激发作用，能够鼓舞和推动少年儿童积极加入其中，进而逐步培养成良好的运动习惯。终生参与体育运动，积极从事体育锻炼，能够终身受益。

三、少年儿童网球运动兴趣的个性差异

培养兴趣的过程既艰巨又持续时间长，不仅要求教练员制定出集系统性和科学性于一身的训练体系，同时还要求少年儿童具备顽强的意志。少年儿童自身态度是制约其意志的关键因素。网球兴趣培养同样属于漫长且艰难的任务，激发少年儿童对网球

第四章　网球运动文化与各种文化的融合发展

运动产生兴趣就是激发少年儿童不断发展自身心理能力,少年儿童各项基本能力的发展均存在很大潜力,不管是学习、运动、绘画等方面。一般情况下,少年儿童会对世界充满无尽好奇心,新鲜事物往往激发其不断探索与尝试,当其好奇心被满足后往往会极其兴奋,同时还会充分感受到生命给予的快乐;当少年儿童对某类事物不感兴趣时,其往往会产生烦躁、厌恶甚至反抗情绪。在启蒙训练的过程中,少年儿童对网球运动产生的兴趣包含很多种,原因在于每个少年儿童在个性特征上存在很大差异,这些差异使其兴趣出现了很多倾向。然而,每位参与网球运动的少年儿童均有自身兴趣爱好,此类兴趣爱好会产生快乐的情感体验,进而让个体的情感色彩更加丰富,让个体意识的倾向性特征更加明显。由此可知,教练员不但要准确分析少年儿童的各项表现,还应主动和家长展开有效沟通,积极掌握少年儿童心理状态在各个阶段出现的变化。每个孩子均存在个性差异,存在的个性差异则会产生不同兴趣取向。因此,个性差异在培养少年儿童网球兴趣的过程中占有重要地位。

个性差异是指少年儿童不同性格表现。性格是存在特定倾向的相对稳定的心理活动。个性的心理倾向主要由性格、能力、气质三部分组成。正常人的心理活动倾向通常相对稳定,每个体均有不同心理倾向性,故而在个性方面存在很大差异。例如,有些人做事粗心大意,而有些人则谨小慎微;有些运动员在训练过程或比赛过程中自信满满、自控能力强,而有些运动员则盲目冲动。因此,人的心理活动往往存在着很大差异性。少年儿童在启蒙训练的过程中,其兴趣培养同样涉及个性特点,个性差异对少年儿童的兴趣培养有不同程度的作用。很多学者对运动员个性展开了深度研究,参与运动的运动员个性和正常人存在着部分差异。学者库柏对运动员的描述是:与正常人相比,运动员更加自信、更具竞争性、性格更加外向。除此之外,运动项目不同、运动水平不同,则运动员个性特征也有很大区别。

参与网球运动的少年儿童对该项运动产生的个性化兴趣,即少年儿童网球兴趣个性差异。少年儿童参与网球运动活动本身，往往会产生很多种类的性格特征，少年儿童在活动过程中会出现波动较大的状态，在某段时间会比较热爱网球运动，但如果网球运动带给他们负面的情感体验，他们内心就会出现烦躁甚至厌恶网球运动。一旦少年儿童全身心投入到网球运动中，则会激发出浓厚兴趣，并且持之以恒地参与其中。如此的个性化兴趣绝大部分是那些个性强烈、性格独特的少年儿童表现出来的，一旦他们对网球运动产生了浓厚兴趣，就会坚持参与网球运动并且不断向自身提出更高的要求。在日常训练过程中，他们大多是个性好强的少年儿童，拥有强烈争强好胜精神是他们的相同点，在日常生活中这一点也表现得尤为明显。

四、少年儿童网球启蒙训练中兴趣的培养原则

（一）阶段性培养原则

在网球运动启蒙训练的过程中，少年儿童的兴趣培养是好奇—喜欢—热爱的过程。少年儿童心理感知发育过程是大脑开始发育的，其运动过程是大脑—感觉器官—神经中枢—肌肉。因此，在少年儿童网球启蒙训练培养兴趣时期，应当使参与网球运动的少年儿童充分体会到网球运动的重要性，应使其充分参与其中，充分感受网球运动的趣味性，这对于启蒙训练阶段培养少年儿童网球运动兴趣具有极为关键的作用。

要想使少年儿童积极参与到网球运动中，应当对该群体在网球运动启蒙训练中兴趣培养的阶段性予以高度重视。制约少年儿童参与网球运动的主要因素有自身因素、家庭因素、社会因素、教练员因素等，其中自身因素属于最为关键的因素，在少年儿童心理素质、生理能力、智力因素的影响下，少年儿童在参与网球运动的过程中心理波动会比较大，自身因素是导致心理波动大的主要原因。除此之外，该阶段少年儿童心理状态也受其他因素制

第四章 网球运动文化与各种文化的融合发展

约,父母因素、学校因素、球队氛围、教练员态度等均会使少年儿童网球启蒙训练兴趣出现波动。少年儿童在参与网球运动的过程中,兴趣稳定是保障训练效果的重要因素。兴趣稳定表明少年儿童在训练过程中可以顺利掌握各项技术动作,有利于少年儿童更好地巩固各项技术动作。少年儿童在参与网球运动的过程中,兴趣处于稳定状态,其心理指向与注意力多集中在网球运动中,可以更好地领会教练员传授的知识,主动接受教练员的引导,所以他们可以在训练过程中有效掌握网球运动的各项技术动作。但需要说明的是,少年儿童阶段控制注意力与专注力的能力较差,相关研究证实 5—7 岁儿童专注某件事情的时间仅有 15 分钟,8—10 岁儿童专注某件事情的时间仅有 20 分钟,11—12 岁儿童专注某件事情的时间仅有 25 分钟。因为少年儿童的大脑发育与心理发育还有待进一步成熟,自控能力还有待进一步提升,所以使得少年儿童发生注意力转移的可能性较大,故而此类专注存在阶段性特征,是不稳定的。由此能够得出,少年儿童网球启蒙训练中的兴趣培养具有阶段性特征。

1. 少年儿童网球启蒙训练中兴趣的阶段性培养原则的定义

在少年儿童网球启蒙训练中兴趣的阶段性培养原则是指在少年儿童参与网球运动的过程中,少年儿童对网球运动产生兴趣,产生的兴趣在启蒙训练阶段具有不稳定性和不连续性。当少年儿童对网球运动的浓厚兴趣被激发出来后,他们往往能主动参与到网球运动中,但当他们被某种因素影响时,则会产生厌恶情绪,这就是少年儿童网球兴趣的阶段性表现。

2. 少年儿童网球启蒙训练的阶段划分

在少年儿童网球启蒙训练中,通常包括三个阶段:

第一阶段是入门认知阶段。该阶段是指入门不久的少年儿童网球运动参与者对该项运动的初步接触与认识,他们会在大脑中构建出相对迷糊的概念,属于兴趣培养的初步阶段。

第二阶段是建立网球认知阶段。该阶段是指参与者参与网球运动一段时间后,对网球运动认知已经由起初的模糊阶段转变成对网球运动有一定了解,已经可以大概掌握网球运动的本质特点。第二阶段得以形成是在少年儿童参与者持续努力的基础上,对网球运动形成了一般兴趣,兴趣产生程度存在着一定差异,该阶段的兴趣还处在不稳定状态,有时会出现较大波动。

第三阶段是稳定与发展阶段。少年儿童网球运动参与者的参与时间相对较长,他们已经对网球运动有了清晰认识,该阶段他们参与网球运动相对稳定,在心理上已经产生了比较稳定、比较浓厚的兴趣,该阶段参与者对网球运动达到了热爱程度。

第一阶段、第二阶段、第三阶段共同体现了少年儿童在参与网球启蒙训练过程中的心理变化,同时也是少年儿童兴趣的变化过程,这几阶段的产生对少年儿童参与网球运动的心理稳定具有制约作用。

(二)平等性培养原则

即使在少年儿童网球启蒙训练初期,教练员在训练过程中也要坚持区别对待原则,教师要对每个少年儿童实施针对性训练,如此能够对少年儿童兴趣持久性和兴趣连续性产生积极影响。

网球启蒙训练能够使少年儿童的部分网球技术动作更加正规化,但前提条件是教练员要制定出一整套适合不同年龄、不同身体状况的少年儿童训练计划。对于动作姿势而言,这属于一种慢慢发展的阶段,通过有针对性的训练来完成技术动作体系。该训练体系要求教练员区别对待每一位少年儿童,结合每位少年儿童的性格特点、年龄层次、身材比例来展开平等性训练。教练员只有平等对待每一位少年儿童,才可以让参与网球运动的少年儿童更加清晰地体会到网球运动的乐趣。对于启蒙训练而言,坚持遵循平等性原则还能推动少年儿童更加主动地参与到网球运动中,让少年儿童在网球训练过程中感受到此项运动带来的生理乐趣和心理乐趣。由此可知,平等性培养原则属于启蒙训练的一项重要训练方式。

1. 少年儿童网球运动启蒙训练中平等性原则的定义

就少年儿童网球运动启蒙训练而言,平等性原则的定义是:在少年儿童参与网球运动的整个过程中,教练员用平等训练手段对待参与训练的所有人,每一位少年儿童均可以获得平等发展,都能够通过自身优势使缺陷得到优化。

在训练过程中,教练员应当针对少年儿童独特的性格特征,始终贯彻区别对待的方式,灵活运用少年儿童具备的长处,从而尽可能优化他们的短处。击球的稳定性、力量性和准确性,是网球运动技术特征的主要反映,教练员在启蒙训练过程中应当牢牢掌握该特征。根据少年儿童年龄层次的变化,实施和年龄阶段相对应的技术设计,同时在训练过程中严格实施,促使少年儿童的技术在密切环绕网球运动特征的基础上,慢慢产生自身独特特征。在启蒙训练过程中,训练设计一定要和参与网球训练的少年儿童年龄特征吻合,从而让阶段性训练为后期工作打下基础。教练员刚刚传授技术时,少年儿童生理状态和心理状态往往有很大差异,但最终都可以实现动态平衡。因此,要平等对待生理状态水平和心理状态水平存在差异的儿童,切莫仅重视两方面状态都好的少年儿童,从实际情况出发,所有少年儿童接受针对性训练后,都能够使其生理水平和心理水平慢慢处于平衡状态。在少年儿童网球启蒙训练过程中,教练员千万不可以出现偏颇心理,一定要始终坚持平等对待原则。

2. 训练中平等性原则的掌握与少年儿童训练者网球兴趣的关系

在少年儿童启蒙训练过程中,教练员真正掌握平等性培养原则和少年儿童训练者有着十分密切的关系。在启蒙训练过程中,真正掌握平等性培养原则可以让参与者在训练过程中保持高度的热情。平等性原则的掌握程度和少年儿童训练者对网球运动的热情存在着彼此联系、彼此促进、彼此制约的关系,两者是相辅相成的。

在少年儿童网球启蒙训练的过程中,教练员选用训练方法时应当将训练特征考虑在内,每位少年儿童均有自身特性。例如,在网球训练过程中,有些参与者身体发育比较快,进入成长关键期的时间比较早,身材比较魁梧,力量素质是明显优势,但移动素质相对不足。针对存在这种情况的少年儿童,教练员需要对症下药,使其优势得到保留,使其劣势在辅导过程中慢慢弥补,在潜移默化过程中不断进步,不断增加自信心;对于身体发育较晚的少年儿童。通常在移动上有较大优势,但力量素质存在一定的不足。因此,任何少年儿童都存在优势和劣势,我们一定要充分尊重所有少年儿童的实际状况,始终遵循平等性培养原则。倘若没有将平等性培养原则贯彻在训练全过程,则会对少年儿童的心理成长产生负面影响。

教练员应当清楚地认识到,少年儿童的发育尚处在成长期,当少年儿童身体发育成熟后就可以逐渐处于平衡状态。在少年儿童网球运动启蒙训练过程中,教练员应当始终谨记少年儿童发展特征,努力使少年儿童的潜力发挥到最大,努力增加少年儿童的自信心。伴随着自信心的不断增加,少年儿童能够逐渐感受到成功带来的成就感,进而对网球运动的兴趣日益加深,从而提高自身参与网球启蒙训练的热情,使其战胜阻碍的意志更加坚定。

五、少年儿童启蒙训练中培养兴趣的训练手段

在网球运动启蒙训练过程中,训练方法应当从培养少年儿童兴趣为切入点。由于训练方法是增加少年儿童兴趣最有效、最直接的途径,所以,培养少年儿童对网球启蒙训练的兴趣就是在启蒙训练过程中设定行之有效的训练目标。

(一)循序渐进的训练

在启蒙训练过程中,始终贯彻循序渐进原则能够对少年儿童

第四章 网球运动文化与各种文化的融合发展

网球运动训练发挥很大的积极影响。在训练过程中,运动员的运动时间、运动强度、运动负荷随着运动员身体机能逐步增加负荷的过程,就是循序渐进原则。

在训练过程中,少年儿童网球参与者遵循该项原则,由直线式训练负荷逐渐过渡到有点阶梯式,给予参与者运动适应过程,通过适应负荷让身体机能逐步上升。由于少年儿童网球参与者的心理训练并非一蹴而就的发展,所以应将首要任务定位为让其参与到网球运动中,充分体会网球运动的独特魅力,逐渐对网球运动产生兴趣。

由此可知,少年儿童在学习网球运动基本技术的过程中,教练员应当全面分析少年儿童的身心规律和成长需求,对少年儿童的心理多加鼓励,有效激发少年儿童的积极性和主动性。结合少年儿童模仿能力强、学习能力强、容易接受新鲜事物的特征,教练员应当指导少年儿童先学习单一的技术动作,由单一技术动作慢慢结合移动步伐,同时指导少年儿童增加练习打多球的次数,从而使少年儿童循序渐进地掌握各项技术动作,使技术动作在头脑中产生自动化过程。另外,还可以指导少年儿童反复判断球的落点、感受球的速度,最终达到手眼协调的目标。如此,少年儿童能够逐步达到技术动作自动化,同时还能使其力量不断增加,联系技术动作完成技术性力量练习。例如,通过拍子做手腕力量,通过拍子侧位拉拍做正下蹲和反下蹲,通过拍子做移动步伐等,这些动作都是将少年儿童身体发育作为练习依据,不可以安排太多静力性练习,应当使少年儿童肢体力量获得全面发展,使其在掌握技术的同时,还能使力量获得大幅度增加。在练习过程中,必须始终遵循循序渐进原则,不但要让少年儿童的身体和心理得到发展,而且要让少年儿童充分掌握各项技术动作。

(二)超前性的训练项目设计

上一项训练内容自始至终都能为下一项训练内容做好充足准备,即遵循训练项目设计超前性原则。在少年儿童网球运动启蒙训练过程中,教练员要对少年儿童参与者的训练进度做到心中有底,在对练习项目进行安排时,前期练习一定要为后期练习做好充足准备,促使参与网球运动的少年儿童不会感觉达到训练阶段要求的难度很大,最终使少年儿童在参与训练的过程中逐步建立自信心,形成自信心对少年儿童参与网球运动有激励作用。

超前的项目设计,可以让参与网球运动的少年儿童感受到练习所有网球技术都是在自身掌握技术的基础上达到训练要求,让少年儿童感受到成功带来的成就感,如此就能在下一项练习中拥有更大的自信心。这样不但能增加少年儿童对网球运动的热情和自觉性,还能促使他们通过自身能力更好地承受网球运动练习。

(三)针对性的身体素质训练

网球运动要求运动员具备较高的身体素质,而较高的身体素质必须从参与网球运动的少年儿童抓起,通过持之以恒的练习和积累,方可获得比较大的收获。网球运动身体素质练习应当拥有很强的针对性,针对身体力量要求的各个力量肌群。

在身体素质练习过程中,因为少年儿童的自觉能力相对较低,在练习过程中难以做到全神贯注,如此不但会消耗时间,还掌握不到知识。因此,少年儿童网球运动身体素质训练在起初可以采用游戏的形式,促使少年儿童在潜移默化中充分练习肌群力量。例如,在对少年儿童的步伐进行练习时,应当把步伐和挥拍两项练习充分结合在一起,指导少年儿童在练习过程中采用比赛接力形式,如此不但能增加少年儿童的兴趣,还能增加他们参与游戏的热情和自觉性。采用该种练习,不仅可以使少年儿童在快乐中增加力量,还能有效提升少年儿童的竞争性。

(四)采用穿插各种形式的网球竞赛游戏和比赛方式

在刚开始学习时,少年儿童单个学习网球技术往往十分乏味。少年儿童前期学习网球技术动作时,要想增加他们对网球运动的热情,教练员必须对其心理进行全面了解。在游戏中加入少年儿童刚开始学习的网球技术动作,这样不仅能提升少年儿童对网球运动的自觉性,也能使少年儿童的各项技能和竞争性得到有效提升,另外,也能在游戏比赛中激发少年儿童对获胜的渴望。

第五章 全民健身背景下网球运动开展的基础

网球运动是一种良好的健身方式,在全民健身背景下,应提倡人们科学地开展这项运动。开展网球运动需要一定的装备,还需要运动者具备一定的身体素质基础,这样才能够更好地开展网球运动。另外,掌握相应的营养学和伤病防治方面的知识技能也非常必要。同时,掌握相应的网球运动比赛组织与开展方面的知识,对于促进网球运动竞赛的开展也具有重要的意义。本章就对开展网球运动的各方面基础内容进行分析。

第一节 网球运动的装备与注意

一、球拍与拍弦

(一)球拍的类型

网球拍主要有木质球拍、铝合金球拍、钢质球拍与合成材料(尼龙、石墨、碳素、钛等)球拍几种。最开始网球球拍多为木制的,在 20 世纪 80 年代以后,碳素、石墨等新的合成材料被广泛用于球拍制造,球拍制造工艺有了较大的发展,新材料的使用减轻了球拍的重量,也减小了击球时的震动。

在 20 世纪 60 年代,网球球拍为木质的。到了 20 世纪 70 年

第五章 全民健身背景下网球运动开展的基础

代,金属的球拍取代了多数的木质球拍。如今的球拍多为复合材料,如碳纤维、玻璃纤维、克维拉纤维、高张力碳纤维、钛、超刚性碳纤维等材料单独使用或混合使用。这些材料与木或铝比起来更轻、更硬、更耐用,也更能吸收震荡与振动。

在选购球拍之前,最好先了解该球拍是什么材料做成的。表5-1是各种材质的性能。

表 5-1 不同材质的性能

材料	硬度系数	强度系数	减震系数
超刚性碳纤维	10	10	5
钛	2.5	2.5	3
高张力碳纤维	8	7	4
克维拉纤维	2	10	7
碳纤维	5	8	4
玻璃纤维	1	6	4
铝	2	4	1
木	1	1	10

需要注意的是,坚硬的球拍及其硬度提高必然降低了球拍的避震和回弹性能,也更容易造成初学者和非力量型选手的手关节和腰背肌肉受伤。对于初学者而言,在选择相应的网球球拍时,应该选择材质硬度适中且兼有避震性能设计的球拍。

一般来说,少年儿童应选择短球拍,然后再使用成人球拍,女士选择轻型球拍,男士一般要选择中型头球拍,中型头球拍较适合打底线,力量型的球员要选择拍架坚固的球拍。在选网球拍时,适合本人使用的球拍拍柄粗细的尺寸,大约等于本人的中指指尖到手掌第二掌线的长度,如图5-1。或者用正确的握法握拍时,拇指和食指的指

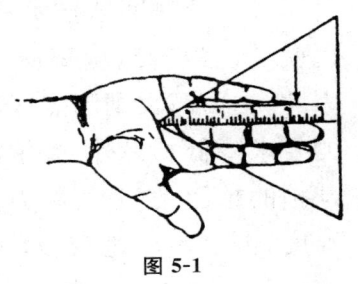

图 5-1

尖正好斜对在一起。

1. 拍面大小

网球拍的拍面有多重规格,不同的拍面类型会有不同的特点,现在的网球拍依其拍面面积的大小,大致上可分为四种类型:
(1)中拍面球拍:穿线面积小于 94 平方英寸。
(2)中大拍面球拍:穿线面积介于 95~104 平方英寸。
(3)大拍面球拍:穿线面积大于 105~115 平方英寸。
(4)超大拍面球拍:穿线面积大于 116 平方英寸。
不同的拍面会有不同的适用范围,其具体可参考表 5-2。

表 5-2 不同拍面的特点和适用范围

类型	中拍面	中大拍面	大拍面	其他型
特点	拍框小,甜点区小,高磅上弦	拍框中度,甜区中度	拍框大,甜区中等,触球范围大	拍框多样,甜区中度
适用范围	出球准确、力量集中的职业选手	力量适中,具有全面型的选手	初学选手,青年选手,老年选手	有一定训练水平的选手

不同的拍面具有不同的特点:小型头拍需要很精确的击球点,挥动灵活,击球力量集中;中型头拍打底线球时球感较好,球容易控制,因此,中型头拍的球拍受到大部分网球爱好者和优秀网球选手的喜爱;大头拍的拍面较大,在网前截击时比较有把握。

大拍面对网球技术动作有较大的宽容度(More Forgiving),也就是说当击球偏离甜点区(Sweet Spot),也可以把球打出去。因此,拍面越大则甜点区越大,击球的稳定性也越强,对技术动作的要求降低。另外,大拍面的直弦较长,从而使弹力增加。但是,球拍的拍面大,风的阻力也大,虽甜点区加大不易失球,但是缺乏速度,击出的球速较慢,不灵活。甜点区越小,力量越集中,因此击球球速越快。一些业余球员只希望能打到球,所以用大的球拍比较有利。控球良好,反应快,稍有基础的年轻或中年人可以用中到中大的拍面。

2. 球拍的厚度

球拍的厚度对于球拍的性能具有重要的影响。一般球拍的厚度在 22～34 毫米之间,而球拍越厚,爆发力越强,击出的球越强劲有力,但是控制性会变弱。

有些球拍不是一样厚,比如把拍头部分做厚是为了增加底线对抽的分量;把拍颈部分做厚是为了在击球一瞬间增加球拍的稳定性。此外,越厚的拍框弹性越大,薄框的球拍弹性相对较小,因此,建议女性和中老年人选用中等偏厚的球拍,年轻人则选中等偏薄的球拍。

3. 球拍的平衡点

在 1/2 处就是球拍的平衡点,然后把球拍水平置于椅背正对平衡点。这时,球拍往拍头方向下垂就是头重,反之则头轻,如果球拍能保持水平就是平衡。拍头的轻重直接关系到击球的速度力量。球拍头较重的则适合底线对打,拍头较轻,则适合网前截击,较平衡的球拍则攻守兼备。

现代球拍设计多把超轻的球拍头部加重,根据力臂惯性原理,重量对挥拍的感觉是成平方正比。使用拍头重的球拍,使离心力增加,有利于底线的抽球。

4. 球拍的重量

球拍的重量与选手的技术力量和能力有关,随着选手球技与能力的改变,球拍的重量也应该进行调整。网球拍的重量,常有以下表示方法:以 L(11～13 盎司)代表轻型球拍、LM(13～13.5 盎司)代表中轻型球拍、M(13.5～14 盎司)代表中型球拍、H(14～15 盎司)代表重型球拍(1 盎司=28.35 克)。一般情况下,网球拍上都会有重量标志,具体内容详见表 5-3。

表 5-3 网球拍重量表

重量标志	实际重量		型号
	盎司	克数	
L	<13	369	轻型
LM	13~13.5	369~383	中轻型
M	13.5~14	383~397	中型
T	>14	397	重型

初学者或初级水平的选手,对球的性能和线路把握不准,应该选择拍头和拍身较轻的球拍,也就是拍头较宽大,拍头平圆为流线型的球拍。此类球拍可培养灵巧和球感性能,还可减少回球失误率。待球技有了提高之后,则可根据网球技术提高的程度和自身感觉做适当的调整。

5. 握把规格

握把的尺寸大小选择与重量一样,选择自己觉得最舒适的尺寸。握把如果选得太细,不易抓紧,在击球时可能会使得球拍翻转;太粗的握把容易产生疲劳,灵敏度会降低,不易处理小球或截击球。

通常拍柄粗细有欧式和美式两种标识法,其换算公式为美式 0、1、2、3、4、5 依此类推;欧式 4、$4\frac{1}{8}$、$4\frac{1}{4}$、$4\frac{3}{8}$、$4\frac{1}{2}$ 和 $4\frac{5}{8}$。普通男性一般选用 $4\frac{3}{8}$ 号握把,手大者用 $4\frac{1}{2}$ 号;普通女性一般选用 $4\frac{1}{4}$~$4\frac{3}{8}$ 号之间的拍柄,手特小者用 $4\frac{1}{8}$ 号。

如果已用的球拍握把粗细不合适,如细一些的可再加一条薄缠把;粗一些的,就要剥去球拍本身那层较粗的缠把。建议在选择握把时要挑略细一点的(表 5-4)。

第五章　全民健身背景下网球运动开展的基础

表 5-4　网球球拍拍柄尺寸表

拍柄号	拍柄尺寸(英寸)	拍柄尺寸(厘米)
2	$4\frac{1}{4}$	10.8
3	$4\frac{3}{8}$	11.1
4	$4\frac{1}{2}$	11.4
5	$4\frac{5}{8}$	11.7
6	$4\frac{3}{4}$	12.0
7	$4\frac{7}{8}$	12.3

(二)网球弦的选择

网球拍弦主要分为两种,即天然肠弦和人造复合弦。天然肠弦多由猪、牛、羊等动物的小肠做成,最早的网球拍用羊的小肠做成,所以又被称为"羊肠弦"。职业选手多用天然肠弦,其击球效果好,弹性较好,对手臂的震动力相对较小,但是价格昂贵,耐磨性较差,也容易受潮。人造复合弦也被称为"尼龙丝",大多数人采用这一类型的网弦。其优点是不易受潮湿影响,使用寿命较长,但要与天然肠弦相比,击球感较差,弹性较弱,伸缩性不太好。

除此之外,还有聚酯弦,它除了耐用以外,还拥有相当柔软的感觉,对击球力量大、以大量上旋击球并且经常断弦的人而言,聚酯弦是较好的选择。聚酯弦必须更用力才能产生力量,如果用惯了较有弹性的弦,会不适应这一类型的弦。挥拍短或患有网球肘的人而言,聚酯弦并不是一种好的选择。

目前市场上拍弦的粗细一般分为 15 号、16 号、17 号、18 号四种型号(表 5-5)。每一种型号表示一种拍弦的直径,型号数字越大,拍弦越细,重量越轻。有些拍弦上还会附加符号"L",如 15L、16L、17L。以 17L 为例,它表示这根弦比 17 号细,比 18 号粗,介于 17 号和 18 号之间，也可以认为是 17 号半弦。

表 5-5　弦的规格与直径对照

规格	直径（厘米）
15	1.41～1.49
15L	1.34～1.40
16	1.26～1.33
16L	1.22～1.26
17	1.20～1.24
17L	1.16～1.20
18	1.10～1.16
19	1.00～1.10

注：通常每条弦的长度为 40 英尺，即为 12.2 米。

通常人造合成线主要指以尼龙为主的材料加工制成的网球线。具体细分为以下几个品种：

(1) 单芯线 (Monofil)。习惯上称为"硬线"。它是在一条粗芯线外层直接以表层保护膜工艺处理后形成的单线。这种线最便宜，耐用性及弹性不高，容易松弛，只适合一般初学者用。

(2) 单芯线单缠绕 (Single Wrapping)。市场销售最多，它经过专门的工艺在其外层缠绕一层能保持紧度、维持弹性、抗磨系数高的保护线而形成的。

(3) 单芯线双缠绕 (Double Wrapping)。这是在中芯线外用细纤维线两次缠绕制成。此款线有极好的弹性，但是坚固性较差，对于非职业选手和休闲球员比较适宜。

(4) 多纤复式线 (Multifilament)。较好的人造线，被称为"仿肠线""软线"，这一类型的线由多条细纤维线扭合而成，弹性理想，线质地柔和，比赛型选手最喜欢使用。缺点是弹性维持时间不长。

(三) 穿弦的磅数

线的磅数用来衡量击球时拍线对球的作用力，它需要仪器才

第五章　全民健身背景下网球运动开展的基础

能测量出。随着拍弦的使用,其张力会逐渐减小,拍弦的磅数也会发生变化,从而对球拍的性能造成影响。

磅数高,弹性减低,挥拍速度快的球员则能因此得到更好的控球效果;磅数低就会产生弹簧床作用而使反弹力增加,而相对的,控球性就会降低。臂力小的人,除了用硬度高的球拍以外,把弦穿松一点,这样可以省力;力量强、挥拍快的球员则以较软的球拍,配上较紧的磅数才能控球于有效区内,再以中拍面的球拍击球,会使得球速较快。

拍线磅数越低的球拍击球力越大,击出的球速快,即拍面越松弛,它对球的弹性越大,就会给球很大的能量;拍线磅数越低的球拍控球能力越差,但击球时会越舒适,因为拍面与球接触时变形很大,可缓冲来球的冲力,从而保护选手的手和拍框。初学者可选用磅数低的球拍,而随着自己球技的提高可增加拍线的磅数。拍弦与穿弦效果对比如表5-6所示。

表5-6　拍弦与穿弦效果对比

性能\分类	球感(控球)	弹性	球速	耐磨度	适合面	适合打法
粗弦	差	大	慢	好	大、中拍面	底线
细弦	好	小	快	差	小拍面	网前旋转
低磅(55~60)	差	大	慢	好	大、小拍面	底线
高磅(62以上)	好	小	快	差	小拍面	网前主动进攻

业余网球爱好者常用的缠弦磅数为55磅到60磅之间。职业选手往往弦多在70磅左右。需要注意的是,机器与人工穿线之间都会产生偏差。可以经常找同一人、同一台机器穿弦,这样磅数才会准确。

二、网球的其他装备

(一)减震器

在进行网球健身时,可能有时会用到减震器。减震器能够在一定程度上削弱球拍击球时对持拍手的震动冲击,从而有效保护手臂。在竞技比赛中,对于减震器的使用有着明确的规定,横竖线交错的地方不能安装减震器。通过安装减震器,能够在一定程度上改变球拍的弹性,弹性过高的球拍可以考虑安装减震器。但是,在安装减震器之后,会对击球感觉产生一定的影响。

(二)柄皮

网球球拍的柄皮通常分为内柄皮和外柄皮两类。

1. 内柄皮

内柄皮即为直接缠绕在球拍的握柄上的缠带,它能让球拍柄的内部材料与外界隔绝,保护拍柄的内部材料,避免其受到汗液侵蚀,从而能够在一定程度上延长球拍的使用寿命。

2. 外柄皮

外柄皮即为包括在网球拍拍柄并直接与手接触的一层缠带,它不仅能够对内柄皮具有一定的保护作用,还具有吸汗防滑的作用,使得握拍时具有良好的感觉。

三、网球服装与鞋袜

(一)网球服装

在进行网球运动健身时,为了便于开展运动,应穿舒适的网球服装。一般男士在进行网球运动锻炼时,穿 T 恤衫和网球裤;女士则穿 T 恤衫和网球裙。

(二)网球鞋

在开展网球运动时,应穿专用网球鞋,在便于跑动的同时,有效降低由于鞋子不合适而受伤的可能性。在开展网球运动时,需要不停地进行快速起动、急转、停止等动作,网球鞋应满足网球运动的这一运动需求。在不同的运动场地上,适合不同的网球鞋。在硬地上,需要的网球鞋应摩擦力较大,鞋底耐磨。在沙地上,鞋底采用普通的橡胶即可。

(三)网球袜

在开展网球运动时,一定要注意袜子的选择。当鞋子稍大时,在开展网球运动时,可能会使得脚部磨出水泡。为了避免这一状况,可穿两双袜子,更好地保护双脚。网球袜应厚实,以保护双脚,同时,其还应具有良好的透气和吸汗的性能,保持双脚的干爽。

四、网球运动健身的原则方法

(一)网球运动健身的原则

1. 积极性原则

要想将网球运动健身的积极性充分调动起来,就必须确定一个明确的目标。具体来说,首先要提高对网球运动的认识,将网球运动视为一种健身、健美和延年益寿的重要手段;其次要将锻炼的目的明确下来,可以说,目的对行动的质量有着重要的决定性作用。

一般来说,通过对网球运动的认识,以及在自己有了一个明确的运动目的之后,网球运动的积极性就会得到有效的提升。

2. 针对性原则

锻炼身体应从个人的实际情况和外界环境条件的实际出发,确定锻炼的目的,选择适宜的运动项目,合理地安排运动时间和运动负荷,这就是所谓的针对性原则。对于网球运动健身来说,所谓的针对性原则主要包括两个方面的内容:一个是从个人的实际情况出发,一个是从外界环境条件出发。

3. 循序渐进原则

网球运动锻炼的内容、方法和运动负荷等,必须要以人对事物的认识规律、动作技能形成规律和生理机能的负荷规律为主要依据确定下来,同时,还要遵循由小到大、由易到难、由简到繁、由低级到高级的原则逐步进行。

和其他体育运动一样,网球运动在运动锻炼中也要避免急于求成。不存在"一步登天"的事情,因此,这就要求在进行网球运动健身时,要严格遵循学习动作由易到难,运动量由小到大,运动强度应由弱到强的原则来进行。

4. 经常性原则

网球健身运动必须持之以恒,使之成为日常生活中的重要一部分,这就是所谓的经常性原则。

不管做什么样的事情都要有恒心,对于网球运动健身也是如此。经常参与网球运动锻炼,才能够有效提高打球技术水平,人体各组织系统机能才能得到有效的改善。否则,锻炼效果不显著,是不会取得理想的健身效果的。

5. 适量性原则

在进行网球健身运动锻炼时要有适量的生理负荷,这就是所谓的适量性原则。运动刺激的强度在很大程度上决定着锻炼的效果好坏。一般的,如果运动刺激的强度太小,身体功能的变化会不显著,但是,如果运动刺激的强度太大,又会对身体产生损伤。因此,为了更好地消耗能量、锻炼好身体,就要求保持适宜的刺激强度。

6. 全面性原则

在进行网球健身运动锻炼的时候,应全面发展身体的各部位、各器官系统的机能、各种身体素质和活动能力,追求身心的和谐发展,这就是所谓的全面性原则。

身体各系统都是相互联系、相互制约的,身体某一方面的发展必然会影响到其他方面的发展,而全面发展,就能相互促进,共同提高,对健身能起到积极的促进作用。因此,在进行网球运动健身时,要使身体不同部位得到活动,同时,还要与多种项目和不同性质的活动配合起来,从而保证锻炼的全面性。

(二)网球运动健身的方法

1. 确定目标

古人云:"凡事预则立,不预则废。"不管做什么事情,都要首先给自己设定一个正确、合理的目标,然后朝着这个目标努力,往往就能够获得成功。需要强调的是,在确定这个目标时,一定要从自己的实际情况出发,不能过高也不能过低。

2. 保持良好的心态

将目标确定下来之后,就要保持一个良好的心态,做好相应的准备活动。由于网球运动是一项连续性的耐力运动,因此,对打球者的耐心和恒心有着较高的要求。因此,进行网球运动健身切忌急于求成、心浮气躁。

同时,网球运动的对抗性也很强,因此,提醒网球爱好者,一定不要被刚开始打不好球、接不住球而产生的挫败感打倒。运动者在网球运动健身中要保持一颗平常的心态来对待,让自己浮躁的心态稳定下来,一步一步地练习,相信自己一定能够打出一手好球,锻炼出好身体。

3.运动健身之前要做好充分准备

在进行网球运动健身之前,要做好的准备工作主要有以下几个方面:第一,要对自己的体质有所了解;第二,要以自己目前的运动量来进行运动健身锻炼,运动量要逐渐增加;第三,要以自己的实际情况来选择适当的运动强度;第四,要根据天气情况选择在室外还是室内进行运动健身;第五,选择适当的运动健身时间;第六,充分的准备活动也是必不可少的。

4.必须掌握正确的基本动作

要进行网球运动健身,乱打一通是不会取得理想的健身效果的,因此,这就要求一定要掌握正确的网球健身动作,这对于良好打球习惯的养成也是有所助益的。掌握好正确的基本动作之后,在以后增加打球方式的时候,就能够顺利掌握利用,打球的技术水平会越来越高,这对于进一步感受网球运动的魅力也是有利的。

5.要及时对步调及运动强度进行适当的调整

在网球运动健身中,要严格遵循循序渐进的原则,切忌急于求成和过量过强的运动,因为这些不仅不利于良好健身效果的取得,还会对身体健康带来极大的危害。对于网球健身的初学者来说,要缓慢地调整运动量和运动强度,从轻微运动向剧烈运动发展,使身体逐步适应运动。

一般来说,刚开始以低强度运动量每天进行 30 分钟即可,经过数周后,可以根据自身的运动情况适当增加运动量,并且及时进行适当的调整,以取得理想的健身效果。

五、不同季节进行网球运动锻炼的注意事项

(一)春季进行网球运动锻炼的注意事项

1.要做好充分的准备活动

冬去春来,要进行网球运动锻炼,必要的热身活动是必不可少的,要注意运动量和运动强度最好稍小一些。由于冬天天气寒冷,运动次数会有所减少,因此,在初春进行网球运动锻炼,造成运动损伤的概率会有所提高,这就要求通过一些热身活动,来对身体肌肉、关节、韧带等部位进行练习,提高身体机能水平,从简单的技术动作开始,逐渐过渡到高难动作,从而保证运动量和运动强度的合理性。

2.着装要恰当

在网球运动锻炼之前到参与到其中,在着装方面要遵循慢慢脱掉的原则。

一般来说,在练习前的热身活动时,切不可一上场就穿太少的衣服,因为这样不仅容易着凉感冒,而且身体过于寒冷还会造成肌肉、关节、韧带的僵硬,而无法正常练习,甚至引起运动损伤。正确的做法是可以多穿一些衣服,随着热身运动的不断进行,可以适当脱掉衣服。

在网球运动锻炼的过程中,身体开始微微出汗时,就可以开始脱掉衣服,但是需要强调的是,不管脱衣服的时机和数量,最外面的衣服都要极可能是运动风衣,因为这样能够较好地挡风保温。

网球运动锻炼之后,立即将汗湿的内衣换掉,同时,还要注意一定要在身体感到冷之前穿上衣服,并适当地做些放松练习,使身体有一定的缓冲,这样能够使着凉感冒的现象得到有效的

避免。

3.网球用具的使用要合理

对于大部分的网球爱好者来说,受冬季天气的影响,网球锻炼的次数和时间都相应较少,因此,入春后再进行网球运动锻炼,往往会产生不太会打球的状态,究其原因,主要是由于技术生疏了,或者拍弦有问题。另外,还需要注意的是,以前用过的网球,可能因为球内的压力有了变化,变软或是变重了,这也会让你产生不适应的感觉。因此,从某种程度上来说,及时更换你的拍弦和球,也是一种有助于找回球感的途径之一。

4.雨季期间进行网球锻炼的注意事项

第一,锻炼的地面一定不要有积水,应尽量保持干燥,从而使不滑脚、不会沾湿球的前提得到有力的保证。

第二,如果在打球时,又下雨了,为了避免着凉感冒,或者摔倒等不必要的损伤的发生,应迅速离开场地,不要冒雨打球。

(二)夏季进行网球运动锻炼的注意事项

在炎热的夏季进行网球运动锻炼,需要对以下几个方面的事项加以注意:

1.坚持做好充分的热身活动

一般的,人们往往会存在一些误解,比如,认为冬天运动需要做好充分的热身活动,而在夏季就不需要了。实际上,夏季进行网球运动锻炼也是需要做充足的热身锻炼的,这样不仅能够让你的身体机能兴奋起来,进入良好的运动状态,而且还能使拖着懒散、疲惫的身体练习而更容易造成运动损伤的现象得到有效避免。由此可以看出,在夏季进行网球运动锻炼,做好充分的热身活动是非常重要且必要的。

2. 尽量使长时间阳光暴晒身体的现象得到避免

由于夏季烈日当空,如果长时间地把身体暴晒于恶毒的阳光下,不仅会加快身体疲劳的速度和程度,中暑的机率也会大大增加。另外,由于目前臭氧层的保护越来越少,阳光对皮肤的损伤也是较大的,要对此加以重视。由此可以得出,在烈日下打球时,最好是戴一顶浅色的帽子。除此之外,还要穿一些防晒的衣服,不要对皮肤造成不必要的损伤。

3. 要适当、多次地喝水

一般的,在炎热的夏季进行网球运动锻炼或者比赛前一个小时左右,可以先饮用300～600毫升的水。较为理想的补水形式,是稀释的运动饮料,这样不仅具有较好的口感,而且吸收的容易程度也更高一些。

在网球运动的练习和比赛中,少量多次的饮水原则也是要遵循的,一般来说,每次只要喝上一两口即可,千万不要太多,否则会对身体造成一定的负担。

在网球运动的练习和比赛后,经常会看到这样的情况,即立即开始"暴饮"。这种做法是绝对不可取的,究其原因,主要是由于这样会进一步加重胃的负担。还有,为了使过度刺激喉咙的现象得到有效的避免,切记不要喝真正的"冰水",造成"哑然失声"便后悔莫及了。

4. 湿掉的T恤要及时更换

由于夏季气温太高,出汗较多,因此这就要求在夏季打球尽量多带上几件全棉T恤。如果T恤汗湿,就需要及时进行更换,否则,湿掉的T恤在风干过程中会消耗掉体内更多的热量,使疲劳的产生时间提前,疲劳的程度也会大大增加。另外,如果不及时更换汗湿的内衣,皮肤细菌的滋生几率也会大大增加,并且出现"汗斑"等情况。

5.对运动量和运动强度加以控制

由于每个人在身体素质方面存在着一定的差异性,因此,这就要求每个个体要以此为依据,来对运动时间和运动强度进行很好的控制和调整。一般来说,在炎热的夏季进行网球运动锻炼,要控制好运动的时间,不要长时间进行网球运动锻炼,如果在锻炼过程中出现疲劳或不适,要及时停止练习,从而使中暑等运动伤害的发生得到有效的避免。另外,也要对运动强度进行有效的控制,一般只用平常练习的百分之七十左右即可。

6.要保持正常的睡眠和适当的饮食

在夏季进行网球运动锻炼,本来疲劳产生的速度就快,如果再加上睡眠不足,就会大大提高中暑的概率。另外,夏季进行网球运动锻炼,体内的维生素和矿物质都会随汗水流失得更多,因此,还要保证适当的饮食。具体来说,就是要求多安排些碳水化合物和富含维生素、矿物质的食物,从而使体内的营养平衡得到有效的维持。

7.不要采用过激的方式纳凉

夏季本来就炎热,再加上网球运动锻炼,锻炼结束后,人们往往会想着通过凉水浇头或者用凉水冲身等方面,让身体尽快地凉快下来,但是,这些做法都是非常不可取的,这样不仅会造成不必要的体能消耗,更易中暑,而且还会使热的身体突然感受到冷刺激,会对身体机能造成一定的伤害,较为典型的当属"静脉曲张"了。

(三)秋季进行网球运动锻炼的注意事项

秋季,往往具有"南多雨,北多风"及"一场秋雨一场寒"等气候条件,这个季节进行网球运动锻炼,就需要对以下几个方面的事项加以注意:

1.早上进行网球运动锻炼的注意事项

在早晨进行网球运动锻炼时,练习的内容以球感、球性和基本技术练习为主,同时,还要注意不要有太大的运动强度和运动量。对于大多数爱好者,秋季晨练是个不错的选择。但是,安排合理的练习内容,适当地控制运动强度和运动量,从而使正常的工作和学习都能够得到保证。

2.下午进行网球运动锻炼的注意事项

在下午的时候进行网球运动锻炼,要注意衣着的冷暖,同时,还要密切观察天气的变化。尽管秋天感觉挺热,但在下午接近傍晚时,却会比较凉爽,气温下降的速度也非常快。这时候,需要做的就是随着太阳的西落,在身体稍微感觉有些凉意时,及时加件运动外衣,否则,很可能会着凉感冒。

3.运动锻炼后要及时更换干爽的衣服

秋天气温已经较为凉爽,如果在汗湿衣服后不立即换上干爽的衣服,很可能会着凉。因此,这就要求练习停止,跟球友进行闲聊时,一定要及时更换汗湿的衣衫,再穿上外衣。

4.要注意气温的变化,适当增减衣物

"一场秋雨一场寒",当从身着单薄衣服的夏季进入秋季时,一定要注意天气的变化,并且根据天气的变化适当增减衣物。一般来说,在上场打球之初,要保持适当的外衣御寒;而随着秋意的渐浓,适当地增加衣服,尤其是在晚间灯光球场打球尤为重要。

(四)冬季进行网球运动锻炼的注意事项

在严寒的冬季进行网球运动锻炼,为了保证锻炼效果和避免不必要的损伤的发生,需要对以下几个方面的事项加以注意:

1. 要做好充分的热身活动

冬季进行网球运动要进行充分的热身活动,这不仅是指在室外进行运动,对于室内的网球运动锻炼也是适用的。不管是平时的锻炼,还是比赛,都要进行充分的热身活动。具体来说,要求遵循从近到远、由慢到快的原则来进行练习,这样,能够使运动损伤和关节慢性劳损症状等得到有效的避免。通常情况下,在寒冷的冬季,身体的肌肉、关节、韧带往往会处于冷缩状态,进入温暖的室内球场,只是体表的温度有所提高,而肌体仍处于寒冷状态,因此,这就要求进行网球运动锻炼之前,都必须进行充分的热身活动,这是非常重要且必要的。

2. 要对网球拍弦进行适当的调整

在冬季进行网球运动锻炼,由于受到冷缩的影响,球拍和拍弦会与正常温度下有一定的差别。通常情况下,球拍的热胀冷缩系数比拍弦要小一些,因此,在冬季进行网球运动锻炼,往往会觉得拍弦比往常更硬更紧。这就要求可以将穿弦的磅数进行适当的调整,从而保证正常的打球状态。

3. 练习的球要选择气压较正常的

旧的网球在冬天往往会显得太软、太重,并且有打不动球的感觉,在这样的情况下,手腕和手臂的负担就会非常重,长时间处于这种状态就会造成手的损伤。因此,这就要求将这些旧球及时更换掉,用较正常气压的球来练习。

4. 切忌在雪未扫尽或有薄冰的场地上打球

冬季会经常有降雨、降雪等天气,由于网球场的面积较大,为了保护场地面层,有时不易彻底清扫,经常会有少部分冻雪或冻冰。这时切忌贸然上场进行网球运动锻炼,避免不必要的摔伤等损伤的发生。

5.控制好冬季打球的时间

在太冷的环境中打球,不仅球拍和球会受到一定的影响,身体的负担也会有所加重,危险系数较高。另外,由于冬季太冷,身体的肌肉、关节、韧带的活动都会受到相当的限制。如果在这样的情况下勉强做往常的一些难度动作,就很容易造成损伤。因此,这就要求在这样的环境下打球,要选择较暖和的时间段进行,一般来说,较暖和的 10:00~15:00 之间是最佳的选择。

第二节　网球运动的身体素质准备与热身

一、网球运动的速度素质

(一)速度素质要求

网球运动场地相对较少,大多数时候运动者在 10 米以内做快速移动,并不断改变运动的方向。在运动健身过程中,球员需要根据对方的来球来快速变换位置。在这一过程中,反应时间相对较短,而运动者需要快速作出相应的行动决定。

在开展网球运动时,需要运动者具备的专项速度并不是周期性的速度动作,而是不断变化的,需要根据场上情况来做出快速反应。这是由网球运动的特点决定的。在开展网球运动时,球员需要根据实际需要来做出随机性动作,因此,球员需要具备良好的反应速度和动作速度。

(二)网球速度素质训练

在网球运动者进行速度练习时,应注重练习时机的选择。一般运动者应该在精神饱满、体力充沛的情况下进行练习,这样有助于取得更好的效果。其训练方法如下：

1. 反应速度训练方法

（1）小步跑、高抬腿跑；看手势进行突然快速跑。
（2）行进间后退跑，看手势突然转体向前加速跑。

2. 动作速度训练方法

（1）手持轻杠铃片连续快速做正反击球挥臂动作。
（2）原地对墙以高压球挥臂动作扔垒球、网球等。

3. 移动速度训练方法

（1）30米、50米反复跑，100米变速跑。
（2）进行多种步伐的连续快速移动练习。

二、网球运动的灵敏素质

（一）灵敏素质要求

灵敏素质是运动者技能运用能力以及其他身体素质的综合表现。具有良好的耐力素质能够对自身肌肉进行更好的协调和控制。在网球运动中，具有快速爆发力和良好的灵敏性成为取得胜利的关键。在运动中，具有良好的灵敏性才能够更好地应对飘忽不定的来球。网球运动员所需要的灵敏性就是当在运动比赛中遇到突然变化时，做到随机应变地采取快速、协调行动的能力，这些灵敏性需要有力量、速度和柔韧的保证。

（二）网球灵敏素质训练

灵敏素质表现的特点是反应快、动作协调准确、应变能力强等。发展灵敏素质的主要方法有以下几点：
（1）十字交换跳：双脚起跳，快速做前后左右十字交换跳。

(2)跳起空中抱腿:双脚跳起,腾空后两腿上收,双手抱膝,下落时还原。

(3)急跑急停:从球场边线快跑至网前急停,原地转身接滑步跑返回。

(4)跳绳练习:单脚跳、换脚跳、单摇跳、双摇跳等。

三、网球运动的力量素质

(一)力量素质要求

在开展网球运动时,对于球员的力量素质具有较高的要求。首先,球员需要在场上快速移动,这需要球员具有良好的下肢爆发力,为快速移动提供力量基础,另外,网球运动对于球员的上肢力量素质具有较高的要求。在网球击球时,击球力量对于击球的效果具有重要的影响,这需要球员具备良好的上肢爆发力,这样才能够打出高质量的球。因此,网球运动者要想提高自身的网球运动水平,需要具备良好的起动爆发力和动作速度爆发力。

(二)网球力量素质训练

1.上肢力量训练方法

(1)手持哑铃或轻杠铃片做腕屈伸,腕绕环,手上举、侧举、前平举或侧平举;手持哑铃或杠铃片做仰卧扩胸或俯卧扩胸。

(2)站姿或坐姿持杠铃做前推举、头后推举、肩后臂屈伸。

2.腰腹力量训练方法

(1)肩负杠铃或手提杠铃做上体屈伸、左右转体、体侧屈。

(2)坐地双脚夹实心球,做举腿或绕环动作。

3.下肢力量训练方法

(1)负重连续快速提踵静力练习(即提踵持续一段时间)。

(2)负轻杠铃半蹲跳、全蹲跳、弓步前进或左右脚交替上板凳。

四、网球运动的耐力素质

(一)耐力素质要求

在开展网球运动时,耐力素质也是球员应该具备的重要运动素质。在开展网球运动时,需要运动者在长时间内保持快速移动和良好的爆发力,球员需要具备良好的速度耐力和力量耐力。在竞技网球运动中,一场比赛经常会鏖战两三个小时,如果耐力素质较差,在比赛中必然会处于不利地位。

在开展网球运动时,球员需要快速变化,其耐力素质应与速度相适应,在不断速度变化中保持良好的耐力。

(二)网球耐力素质训练

(1)进行 30 米左右的反复跑练习。
(2)跳绳练习:3 分钟跳绳,每分钟 80~100 次。
(3)1 500 米变速跑:直道时全速跑,弯道时慢跑。

五、网球运动的柔韧素质

(一)柔韧素质要求

网球柔韧素质重点表现在运动者髋、腰、膝、腕关节活动幅度以及上下肢肌肉和韧带的伸展能力上。如果柔韧素质不好,会导致动作幅度不足或动作不到位,从而影响技术动作质量。良好的柔韧性还能减少运动中的损伤。在网球比赛中,一些技术动作对身体的柔韧性有着很高的要求,比如发球、大范围跑动救球等动作都需要网球运动者具有良好的柔韧素质。网球专项柔韧素质的训练应着重发展肩、腰、髋三个关节部分及周围肌肉韧带的活动能力。

(二)网球柔韧素质训练

在进行柔韧素质练习时,其主要方法是进行一些伸展性活动,包括各种形式的主动和被动拉伸。在进行柔韧素质练习时,运动者应注意以下几方面的内容:

(1)注意对网球柔韧素质训练的安排时间。一般在训练准备部分后面或基本部分开始前期进行。动作幅度由小到大,节奏由慢到快。身体疲劳或练习部位有伤时不宜进行柔韧训练。

(2)应经常巩固已取得的训练成果,避免消退。另外,应抓住柔韧素质发展的敏感期,青少年儿童应积极进行柔韧素质训练。

六、网球运动之前的热身运动

热身活动是指在正式进行运动之前进行的一种基本练习,通过进行相应的运动,能使使运动者做好身心的准备。

(一)热身活动的作用

1. 准备活动使肌肉温度和体温升高

在正式开展网球运动之前,通过进行一定强度的准备活动,能够有效促进人体新陈代谢的增强,促进人体各项生理活动发生变化。具体而言,热身活动使神经传导速度加快,肌肉的黏滞性降低,酶活性提高,血流量增加,氧的扩散加快,促进肌力的增强。通过进行热身活动,还能使肌肉和韧带的弹性和伸展性加强,从而能够减少由于肌肉的剧烈活动而出现运动损伤的可能。

2. 预先提高内脏器官的功能

人体的内脏器官具有一定的生理惰性,主要表现为在进行相应的运动时,内脏器官往往不能马上进入最佳状态,从而影响运动发挥。这就需要进行相应的热身活动,提升内脏器官的生理机能,从而使得运动者能够更好地投入到网球运动锻炼之中。

3.提高神经系统的兴奋性

通过进行热身活动,能够使得各种练习在大脑皮层中留有一定的痕迹,使得各中枢神经能够更快接通,保持对于外周器官更好的协调作用。

4.调节心理状态

通过进行一定的热身活动,能够对运动者的心理起到一定的调节作用。热身活动能够促进运动者保持较高的兴奋性和积极性,从而能够更好地投入到网球运动之中。

(二)网球运动前的热身活动

职业运动员一般会在进行30分钟以上的热身活动之后才会参加比赛。作为业余网球选手,至少要在比赛开始前20分钟通过跑步等方式来进行热身,也可做一做操类活动将韧带拉开。运动到比赛开始前10分钟,直到微微冒汗为最适宜的状态。具体而言,网球运动的热身活动有如下几种:

(1)先以5分钟的慢跑或慢速跳绳开始,使体温升高、血液加速流入肌肉组织,在跑步中加向后倒跑和向左右的侧向跑,交叉步跑。

(2)手腕与前臂伸展。尽量把手臂向外多伸展,并从手背处向下翻腕,这可以使上臂均衡伸展。

(3)肩和前臂拉伸。用另一只手把上臂拉到胸前,这时会有拉伸感穿过肩外侧和背上部,保持10秒钟,同时也要拉伸另一手臂,以便均衡伸展。

(4)肩侧部拉伸。将上臂抬起紧靠头部,用另一只手轻轻地将它往后拉,然后慢慢地向另一侧倾斜,直到感到背部中间自然放松。拉伸时一定要用到腰部。

(5)后臂拉伸。一只手从肩部向后与另一只手从腰下向上在背部相扣加力,保持10秒钟,两手交换。

(6)小腿伸压。扶球隔网,一条腿向后伸,逐渐地把体重放到后脚脚后跟,直至感觉到已拉到小腿跟腱的后面,保持10~15秒。做侧压腿、下蹲,重心移到一侧,大腿伸直,下压,保持5秒钟。

(7)高压腿。一只脚架在网柱上,两手抱脚尖,持续10~15秒。

(8)膝关节拉伸。背对着球网,双手或单手扶隔网,一只脚向后抬起,膝关节弯曲,将抬起的脚放到球网上,身体重心向下拉伸,保持10秒钟。

第三节 网球运动的营养补充与伤病防治

一、营养补充

(一)营养补充的原则

在开展网球运动时,运动者应注重自身营养的补充,保证营养补充的科学性。具体而言,应坚持以下几方面的原则:

1.营养补充应为网球健身者提供充足的能量

网球运动锻炼会增加人体的消耗,健身者需要及时进行营养补充,尤其是能量的补充。在进行网球运动时,人体能源物质会有较大的消耗,使得体内糖原水平降低,影响人体的运动。网球运动者应注意摄取含糖类丰富的食物以保证体内有充足的肌糖原和肝糖原储备,保证网球运动中ATP的再合成。

需要注意的是,网球运动还会增加人体的其他物质的消耗和排泄,如维生素、微量元素和水分等,这些物质是人体正常生理活动的重要物质基础。在网球运动之后,也应注重这些物质的补充和恢复。

2. 营养的补充应延缓和减轻疲劳

在开展网球运动过程中,运动者会大量出汗,会由于体内电解质失调而引起代谢的紊乱;在网球运动中,由于运动强度相对较大,会使得体内的能源物质消耗较大;另外,在网球运动过程中,为了满足运动的能量需求,人体的生理生化反应加快,在这一过程中会产生大量的代谢物,而人体不能在短时间内将其消除。由于上述几方面的原因,使得人体出现了一定的疲劳。而网球运动中和运动之后的营养补充应注重水和各种营养物质的补充,促进人体从疲劳状态更快地恢复过来。一些维生素能够促进人体更好的恢复。必要时可食用一些促进疲劳恢复的营养补剂。

网球运动者在进行营养补充时,不仅要注重能量的补充和疲劳的消除,还应注重营养的均衡性,避免某一方面营养素的缺乏。

(二)网球运动的营养补充

1. 蛋白质的补充

蛋白质是构成细胞的基本有机物,是生命的重要物质基础。在人体中,蛋白质种类众多,约占人体体重的18%。蛋白质参与人体的代谢和损伤的修补,对于机体免疫功能的维持也具有重要的作用。

我们日常食用的多种食物都是人体蛋白质的重要来源,小麦、大米、肉类、乳类、豆类、坚果等食物品类中都含有丰富的蛋白质。在长期开展大强度的网球运动训练时,应注重蛋白质的补充。一般经常运动的人所需要的蛋白质为每日1.5克/千克体重左右。

第五章　全民健身背景下网球运动开展的基础

2. 脂肪的补充

脂肪是人体的重要能源物质，尤其是在进行长时间运动时，脂肪供能发挥了更加重要的作用。另外，脂肪还能够促进一些维生素的吸收。除此之外，人体的脂肪也具有物理方面的作用——保护人体内部器官。

肉、鱼肝油、骨髓、蛋黄等食物主要提供饱和脂肪酸，鱼类含很多不饱和脂肪酸。植物性食物中的油料作物含油量较丰富，以不饱和脂肪酸为主。应按动物脂肪 0.3 和植物油 0.7 的比例配合食用。另外，成人应把脂肪摄入限制在每天总热量的 20%～25% 为宜；儿童运动健身饮食的脂肪供给量应占每日总能量的 35%。

3. 糖类的补充

糖类也是人体重要的能源物质，在网球运动过程中，糖类的消耗也十分明显。因此应注重糖类的补充。糖类能够快速转化为人体所需要的热量。人体各种物质的运输所需要的能量大都是由糖类提供的，而大脑各项生理活动所需要的能源物质为葡萄糖。

人们的一日三餐中富含糖类，各种水果、甜食、米、面、谷类等都含有丰富的糖类。在进行糖类的补充时，可分为运动（比赛）前、运动中和运动后三种。

其一，运动（或比赛）前补糖。运动前补糖有助于提高人体的抗疲劳能力，对于维持血糖稳定具有明显的效果。运动前补糖以提高膳食含糖量为主。网球运动前 2～4 小时吃高糖指数膳食可明显增加肌糖原、肝糖原的含量。

其二，运动中补糖。网球运动过程中补糖是为了节约肌糖原，维持血糖浓度的平衡，提高球员承受负荷的能力。运动中补糖是以运动饮料的形式补充糖。网球运动过程中，每隔 15～20 分钟补充一次含糖饮料，补糖量一般推荐每小时 40～60 克。

其三,运动后补糖。尽快使运动中所消耗的糖原得到恢复是运动后进行补糖的主要目的。网球运动后开始实施补糖的时间对糖原的恢复影响很大。糖的恢复是在运动结束后即刻就开始的,应在运动之后即刻服用糖类饮料,开始补糖的时间越早越好。

4. 水的补充

水是人体内含量最多的一种重要化学物质,也是人类赖以生存的重要条件。水参与体内许多代谢过程,转运生命必需的各种物质及排除体内不需要的代谢产物,通过水分蒸发及汗液分泌散发热量来调节体温,对关节滑液、呼吸道及胃肠道黏液均有良好的润滑作用。泪液可防止眼睛干燥,唾液有利于咽部湿润及吞咽食物。人体所需水主要来源于饮料与食物,健康的成年人每天的水需要量为每千克体重125～150毫升。

适时适量补充运动饮料,能够预防脱水发生,以及预防能源物质的消耗对运动能力的不利影响。运动饮料的合理应用对于改善机体代谢过程、促进体温调节、维持正常生理机能以及提高运动能力具有重主要作用。符合运动饮料必须具备的条件是糖的种类、糖的浓度以及电解质的含量。补水的方法如下:

(1)运动前水负荷法:在进行网球运动前的30分钟左右补充300～500毫升的低温运动饮料(15℃左右)。炎热天气进行网球运动时,还需要额外增加运动前补充运动饮料的量。

(2)运动中补充:运动中补充的原则是少量多次。一般为每小时补充运动饮料约800毫升左右。

(3)运动后补充:以摄取含糖—电解质饮料效果最佳,以少量多次为原则,切忌暴饮。网球运动结束后即刻体内糖原合成速率开始达到最大,这时机体迫切需要合成糖原的原料。一般情况下,网球运动后的饮水应每小时不超过800～1 000毫升为宜。

二、网球运动损伤

网球运动比赛时,双方之间没有身体的对抗,因此出现运动损伤多与球员自身的身体素质有关。一般网球运动者的运动损伤多为肌肉、关节处的慢性损伤。网球运动对于运动者的速度和灵敏度具有较高的要求,这容易出肌肉、韧带和关节的急性拉伤和扭伤。

(一)常见运动损伤的原因

1. 缺乏对运动损伤预防的正确认识

网球运动者在思想上不够重视运动损伤的发生,对预防运动损伤的重要意义认识不足,或在运动过程中麻痹大意,这是造成运动损伤的重要原因之一。很多球员存在一定的片面认识,在运动中没有采取相应的预防和保护措施,而运动损伤发生之后也没有总结经验教训,从而导致运动损伤的不断出现。

2. 运动安排不合理

(1)缺乏合理的准备活动

在网球运动开始之前,如果没有进行热身活动,或者热身活动不充分、不合理,会增加球员出现伤病的可能性。因为,在这一情况下,关节没有充分得到伸展,身体没有调整到良好的运动状态。因此,在开展网球运动之前,应充分提升中枢神经的兴奋性,使得人体进入良好的运动状态,这不仅有助于避免运动伤病,还能使球员在运动中更好地发挥出自身的水平。

(2)运动负荷过大

在开展网球活动时,如果运动时间过长、频率过高,会造成人体疲劳的积累,人体处在不良的状态下,从而极易出现运动损伤。过度训练是导致运动损伤出现的重要原因。

(3)身体状态和心理状态不良

在参与网球运动时,运动者身体状态不良,如没有休息好、患病初愈、肌肉力量下降、注意力不集中等,在这些状况下进行一些剧烈的运动,或做出一些较难的动作时,会造成人体运动损伤的发生。在运动训练时较为盲目、好胜心强、急躁等,也都会增加出现运动损伤的概率。

(4)环境因素

环境因素也是导致运动损伤出现的重要因素。当网球运动场地不平整、着装不利于运动、缺乏相应的防护器具时,则可能增加运动损伤发生的概率。另外,不良的气候条件,如场地湿滑、气温过高等,也会引发运动损伤的出现。

(5)缺乏医务监督

网球运动者在进行网球运动锻炼时,缺乏必要的医务监督是造成运动损伤的重要原因。运动锻炼的负荷量不科学,缺乏科学合理的安排,这是导致运动损伤出现的重要原因。

在预防网球运动损伤时,可从以下几方面入手:其一,充分了解自身,做好运动体检;其二,锻炼要适量并循序渐进;其三,掌握正确的动作技术;其四,增强自我保护意识,学习医学保健常识;其五,积极进行准备活动;其六,注意网球准备的合理选择。

(二)软组织损伤的"RICE"疗法

当网球运动者出现关节扭伤、肩滑囊炎、跟腱炎、踝扭伤、足弓扭伤等一些软组织损伤时,可立即采用"RICE"疗法来进行自我治疗和康复。

"RICE"其实是由4个英文单词的缩写而成的,R 即 Rest(休息),I 即 Ice(冰),C 即 Compression(压迫),E 即 Elevation(抬高)。其具体内涵如下:

(1)休息:当出现损伤和疼痛时,应停止使用受伤的部位,以免损伤的加重。如果损伤不是很严重,疼痛减轻,可逐渐进行一些活动,保持适当的肌肉收缩锻炼。

(2)冰敷:取一些冰块,将其用毛巾裹住,或放入塑料袋内,敷在受伤部位,能够在一定程度上解除疼痛和肿胀。

(3)压迫:用一种带弹性的织物(护腕、护踝、护腿)裹在损伤部位,并把冰裹在其内,要有压迫感,但不能过紧。若有麻木感、痉挛或疼痛加重等现象,说明裹缠过紧。30分钟后,去除压迫和冰敷。再过15分钟,再次裹缠受伤部位30分钟。如此反复做3小时左右。

(4)抬高:把受伤部位置于比心脏更高的平面。如果是腿或足腕损伤,就要躺下,把腿放在被子上,抬高到与肩相平的位置。这是消肿的一项重要措施。

在进行"RICE"疗法时,如果两天没有消除肿痛,则可进行一些热敷。当遇到膝关节损伤,受伤部位出现畸形时,最好请医生进行诊治,当疼痛较为严重,或受伤部位无法动弹,自我治疗无效之后,应迅速就医。

(三)不同损伤的预防与处理

1. 水泡

(1)原因与症状

当人体一些部位长时间运动摩擦时,会导致皮肤下面出现小范围的组织液渗出现象,这即为水泡。在开展网球运动时,手部和脚部最容易出现水泡。平时锻炼较少,在进行长时间网球运动时,可能会出现水泡。另外,当球拍拍柄太硬,握拍不合理、鞋子(袜子)不合脚时,都可能造成相应部位磨出水泡。当出现水平泡时,会导致这一部位明显的疼痛。

(2)处理方法

当出现水泡时,应避免水泡的破裂感染。可用消毒针刺穿水泡,挤出积液,等患处自然干燥,避免新的摩擦刺激。数日后患处便可自然好转。

(3)预防方法

为了避免水泡的出现,应穿合适的鞋袜,系紧鞋带。在开展网球运动时,应检查网球拍的吸汗带是否平整,养成良好的发力习惯。

2.扭伤

(1)膝关节内侧副韧带损伤

①原因与症状

当膝关节弯屈时,小腿突然外展外旋,或足和小腿固定时,大腿突然内收内旋导致,这可能会导致膝关节内侧副韧带的损伤。当膝关节在屈伸时,进行扭转、内外翻可能会导致半月板的损伤。

当膝关节韧带损伤后,会出现一定的肿胀,感觉疼痛,扭伤部位有压痛,周围肌肉痉挛,腿部活动受到一定的限制。当膝侧韧带完全断裂时,触摸伤处能够摸到断裂的凹陷,会造成功能的丧失。当半月板受伤时,膝内常伴有清脆的响声。

②处理方法

当膝关节韧带的损伤较轻时,可外敷内服,消肿止痛。肿痛减轻之后,再进行一些按摩,促进恢复。如果部分韧带撕裂,可在早期进行一些"RICE"疗法,内服止痛药;48小时之后,进行一些按摩、理疗等。如果韧带完全断裂,应尽早进行手术,在手术之后注重进行积极的功能康复。

(2)踝关节扭伤

①原因与症状

快速奔跑后急停,落地姿势不正确,落地时失去平衡导致踝关节内翻或外翻,这是导致踝关节损伤的重要原因。当出现踝关节损伤时,伤处会疼痛、肿胀。踝关节处韧带损伤会有明显的压痛和皮下瘀血。

②处理方法

当发生踝关节扭伤后,应立即利用"RICE"疗法进行治疗。24小时之后,根据伤情进行相应的外敷药物和按摩治疗。

为了避免踝关节和膝关节的运动损伤,应注意以下几方面的预防措施:

其一,球员应加强膝关节和踝关节部位肌肉锻炼,促进肌力的增强。

第五章　全民健身背景下网球运动开展的基础

其二,对于一些易受伤部位,应加强保护性固定。

其三,应掌握正确的用力方法,当做一些新的动作时,应循序渐进。

其四,在开展网球运动时,应认真检查场上是否存在不平的地方。还应积极进行热身锻炼。

3. 肌肉拉伤

(1) 原因与症状

在进行网球运动时,如果肌肉主动进行激烈的收缩,或进行被动的拉长,而超过了肌肉本身的承受能力,就可能造成肌肉的细微损伤、部分撕裂,严重者会造成肌肉的完全撕裂。当出现肌肉拉伤时,会出现轻微撕裂感和剧痛感。肌肉拉伤时,患处会出现肿胀、压痛、肌肉痉挛。

(2) 处理方法

出现轻度的肌肉拉伤时,患者在早期用"RICE"疗法进行治疗。在48小时之后进行一些理疗、按摩等。当怀疑有肌肉、肌腱完全断裂时,应在局部加压包扎,固定患肢,立即送医院确诊。在肌肉拉伤之后,应量力进行练习。

(3) 预防方法

网球运动者应加强易受伤部位的力量和柔韧性训练,促进肌肉力量的相对平衡。

4. 网球肘

(1) 原因与症状

网球肘又称"肱骨外上髁炎",是网球运动中最常见的运动损伤。当腕指伸肌突然猛烈收缩而使其腕伸肌总腱附着点的骨膜受到牵扯,引起损伤出血,继发粘连,或肱桡关节滑囊的慢性劳损,粘连组织在伸肌群收缩时则会出现疼痛。具体而言,其主要症状表现为如下几个方面:

其一,网球运动者没有明显的受伤史,其症状逐渐出现。

其二,在早期,当做一些动作时,肘关节外侧疼痛;随着伤病的加深,肱骨外上髁部位发生持续性疼痛。尤其是进行一些反手击球、拧毛巾动作时,疼痛尤为显著。当手提重物时,可能会出现突然的无力感而使重物掉落。

其三,伤者的肘关节外侧有明显压痛,前臂桡侧上段软组织有轻度肿胀、压痛及僵硬。

其四,伤肘微屈,前臂旋前,腕关节屈曲,当有外力施加于腕关节背侧时,用力背伸腕关节,则患者的肱骨外上髁产生疼痛。

(2)处理方法

其一,采用综合性手段进行治疗,药物注射、针灸、按摩等综合施治。

其二,如果久治不愈,可考虑进行手术治疗。

(3)预防方法

其一,球员应积极进行准备活动。

其二,积极纠正错误的击球动作和用力方法,并注重手臂肌肉力量的锻炼。

其三,应挑选合适的球拍,适当降低拍弦线的磅数。

三、网球运动性疾病

(一)运动性疾病的特征

运动性疾病是在进行体育运动时出现的体内紊乱现象或功能异常的一种症状。身体素质较差,或缺乏运动比赛经验的人,运动方法和运动量不当都可能会出现相应的运动疾病。运动性疾病的特征主要表现在如下几方面:

1.运动性疾病与运动密切相关

运动负荷量和运动强度过大是诱发运动性疾病的重要原因。运动性疾病多由于一次或多次使身体承受过多的运动负荷而导致。了解运动者参与运动的基本情况能够对运动者进行综合分析,掌握更多的临床检查资料。

预防运动性疾病的关键在于科学合理地安排运动负荷量。进行运动性疾病治疗时,也应当从调整运动负荷量与运动强度方面入手,这是因为运动负荷量与运动强度不仅是发病的主要原因,而且还是预防与治疗运动性疾病不可缺少的重要因素。

2.运动性疾病极易与一般内科疾病相混淆

很多时候人们将运动性疾病与一般的内科疾病混淆,从而不利于运动性疾病的治疗和康复。例如,在进行体育运动过程中,很多人常常会发生腹部疼痛,教师或教练员应首先确定这一症状是"急腹症"还是"运动中腹痛"。

(二)网球运动中不同运动性疾病的处理

1.延迟性肌肉酸痛

(1)原因与症状

在进行大强度的运动训练之后,或者长期不进行运动而突然进行运动锻炼时,运动者的肌肉会出现一定的酸疼现象,这即为延迟性肌肉酸疼。具体而言,其主要症状表现为:一般运动后24小时之内,运动者会出现肌肉僵硬、酸痛和自觉酸痛部位肿胀,有压痛。

(2)处理方法

其一,伸展状态下的静力牵张。疼痛处关节伸直,慢慢拉长肌肉,牵拉2分钟后休息1分钟,反复进行。

其二,按摩疗法。用揉捏法,由轻到重,结束前放松。

其三,服用维生素C。

其四,进行专业理疗。

(3)预防

其一,球员应注意循序渐进地增加运动负荷。

其二,进行大强度力量练习后,应注意进行一些伸展练习和推拿按摩。

2. 肌肉痉挛

(1)原因与症状

人体肌肉在寒冷的情况下,容易发生肌肉痉挛。在进行剧烈运动时,肌肉快速连续性收缩,使得肌肉收缩与放松的协调交替关系遭到破坏,容易发生肌肉痉挛。特别是在准备活动不充分,或情绪过于紧张的情况下,更容易发生这一状况。另外,在大量排汗,失去过多电解质时,也容易发生该症状。

当发生肌肉痉挛时,相应部位的肌肉会剧烈收缩,强硬隆起,疼痛难忍。

(2)处理方法

对于不太严重的肌肉痉挛症状,均匀、缓慢地向相反方向牵引痉挛肌肉,能够缓解症状。还可以配合按摩,促进恢复,重力按压、揉捏和点掐或针刺痉挛肌肉的相关穴位。

对于那些较为严重的肌肉痉挛,有时需进行麻醉才能缓解。在处理过程中应注意保暖措施。

(3)预防

在网球运动之前,应做好充分的热身准备活动,并加强身体锻炼。在进行长时间的运动训练时,应注意盐分和水的补充。在冬季进行锻炼时,应注意保暖措施。

3. 中暑

(1)原因与症状

在夏季阳光直射条件下进行运动时,由于高热环境、阳光暴晒,以及大量出汗,会造成周围循环衰竭,表现为面色苍白、头昏、头痛、呕吐、脉搏细弱,有时会丧失意识。另外,头部在强烈阳光直射下,红外线和紫外线穿透颅骨引起脑组织充血和水肿,也会导致呼吸和周围循环衰竭,患者体温正常或稍高,但头部温度很高。

(2) 处理方法

其一，患者应迅速脱离直射和高温环境，至阴凉通风处平卧，解开衣服，喝清凉饮料。

其二，及时饮用含盐饮料。

其三，对患者进行降温，重点是进行头部迅速降温，冷敷、50%酒精擦浴均可。

其四，对症状较重者，在积极进行急救的同时，应迅速送医治疗。

(3) 预防

其一，气温较高时，应避免进行剧烈运动。

其二，高温季节安排好运动时间，做好防晒降温的保护工作。

其三，备好清凉消暑或低糖含盐的饮料。

第四节 大众网球运动竞赛的组织

一、赛前组织工作

(一) 成立网球竞赛组织机构

在组织比赛时，首先要依照有关规定成立比赛的权力机构——组织委员会，简称"组委会"。组委会领导各职能组织保证竞赛的各项工作正常进行。具体而言，开展网球运动竞赛时，各职能组织职责范围如下：

(1) 组织委员会：负责制定、执行竞赛计划，审查、协调各组的工作，处理和决定竞赛中出现的问题，总结工作。

(2) 仲裁委员会：负责监督和保证竞赛规程和竞赛规则的正确执行，复审和裁决比赛期间在执行规程和规则中发生的纠纷并报告组委会。

(3)宣传处:负责宣传报道和思想教育等方面的工作。

(4)竞赛处:负责竞赛的组织编排及相关事宜。

(5)后勤处:负责场地和器材设备等相关事宜。

(6)裁判处:负责裁判员的培训和分工。

(二)主要竞赛工作机构及其工作内容

1. 组织策划者

比赛的组织策划者应明确比赛的规模,对比赛的人力、物力、财力等方面进行合理的协调,促进比赛效益的最大化。网球运动竞赛的组织策划者是最高级别的管理者,应明确自身的主要工作内容和相互关系,合理调控整和组织网球比赛(表5-7)。

表 5-7 比赛策划、组织管理

比赛阶段	具体工作
筹备期	成立委会
	审定各部门工作计划
	协调各部门工作
	解释修改规则
比赛期	检查各部门工作
	审查参赛资格
	处理违规者
	协调各部门工作
比赛后	领导组织各部门总结
	督促做好成绩汇总工作

2. 竞赛部门

即竞赛处,它是主管竞赛工作的业务部门,是竞赛组织工作的调控者和执行者,主要工作是负责比赛的竞赛工作及相关事务。

二、制定竞赛规程

网球竞赛规程是指导网球竞赛组织者和参加者的文件,是网球竞赛工作顺利进行及参赛报名的依据。网球竞赛规程具体应包括以下内容:

(1)竞赛名称:根据竞赛任务提出比赛名称。

(2)竞赛主办单位:主办的单位。

(3)竞赛的目的和任务:根据竞赛要求决定目的和任务。

(4)竞赛组别:根据竞赛目的和任务,确定比赛组别。

(5)竞赛日程和地点:根据竞赛制度,定出预赛、决赛的日期和地点。

(6)竞赛的参加办法:包括报名的名额,队数限制,手续,报名日期和地点等。

(7)竞赛办法和比赛规则:规定预赛、决赛的竞赛制度(如循环制、混合制等),提出决定名次的办法及比赛成绩相等时解决名次排列的方法,明确规定竞赛规则。

(8)竞赛抽签日期和地点:根据具体情况决定。

(9)竞赛的奖励方法:规定对集体和个人的奖励方法。

(10)竞赛的注意事项:规定比赛的服装或携带物品等。

三、选择竞赛方法

在开展网球运动竞赛时,应根据资源条件、参赛人数等方面的实际状况来选择合适的竞赛方法。在网球运动竞赛中,常用的竞赛方法有四种,即为淘汰法、单循环法、分组循环法、混合竞赛法。具体内容如下:

(一)淘汰法

在组织网球比赛时,如果参赛的人数较多,而时间相对有限,则一般采用淘汰赛来进行比赛。在国际大型网球竞赛中,经常采用淘汰赛制。

(二)单循环法

在开展网球运动时,人数较少,主要目的是为了丰富参赛球员的比赛经验,并且场地、比赛时间相对较为宽松时,可采用单循环比赛法。单循环比赛场次计算的公式为:比赛场数＝队数×(队数－1)÷2。这一比赛形式使得每个参加比赛的球员都会在比赛中相遇。

(三)分组循环法

如果比赛人数相对较多时,可采用分组循环赛。所谓分组循环赛,就是将参加比赛的球员分为若干个小组,每个小组组内进行单循环赛。

(四)混合竞赛法

一般在进行运动比赛时,多采用混合竞赛法。混合竞赛法即为将淘汰赛与循环赛结合在其一使用,能够综合两种赛制的优点,弥补不足之处。

四、网球比赛期间的组织与管理

比赛期的组织工作对其成功举办有着十分重要的影响。比赛期是实现比赛计划,完成比赛任务,达到预期目的的实施过程。在网球比赛期,比赛准备阶段各种工作方案的实施、竞赛组织管理以及筹备工作成效的检验都是在这一阶段完成的。

(一)比赛管理

在网球运动比赛中,比赛管理是其最为重要的环节,如果比赛管理不当,会对比赛的开展造成不良的影响。在比赛管理过程

第五章　全民健身背景下网球运动开展的基础

中,之前的策划、准备工作最终要落到实处,考验着工作人员的具体执行能力。在比赛过程中,工作人员需要积极协调配合,保证比赛的有序开展。对于比赛中出现的各种突发情况,应进行妥善处理。

(二)人员的管理

在网球运动比赛过程中,对人员的管理是其重要的方面。在开展网球运动时,人员管理主要是对运动员、观众等方面的管理。具体如下:

1.参赛运动队(员)的管理

对参赛运动队(员)的管理主要由领队、教练员担任。其管理主要采取分级管理办法,提出统一要求与规定,做好各队之间的协调工作,并定期召开联席会议,听取意见,处理问题,以不断改进组织管理工作。

2.观众的管理

观众是比赛的重要参与者,对比赛活动能否有序进行有着重要的影响。当网球比赛处于紧张激烈的竞争时,如果对观众的组织管理不当,不仅会影响运动员的发挥,还很容易对比赛秩序造成不良影响。大型赛事的组织者应做好各项应急预案,以保证赛事的顺利进行。

(三)器材管理

后勤处要对网球运动的专用设备以及公共设备进行妥善管理。例如,各种球、球网、球架的管理与维护等;负责保障比赛场地的用电、用水,保障比赛场地的照明和空调等。

五、网球比赛结束期的工作

在网球比赛的结束期,组织工作的主要任务是拆卸、清理和移交场地器材与设备,做好有关文档资料的整理和归档,负责各种经费的结算和审计,进行比赛总结、评比和表彰等工作。

第六章　全民健身背景下网球俱乐部的经营管理

随着全民健身运动的不断普及和开展,众多体育运动逐渐成为其中的重要内容供人们选择,网球运动也是其中之一。在全民健身背景下,网球运动也逐渐发展出诸多的组织形式,其中俱乐部是最为常见的一种形式,如商业网球健身俱乐部、高校网球健身俱乐部、社区网球健身俱乐部等。本章主要就这三种形式的网球俱乐部的经营管理展开论述。

第一节　商业网球健身俱乐部

一、商业网球健身俱乐部的服务管理

作为一个新兴的行业,商业网球健身俱乐部需要进行创新型的管理,要在管理中的各个环节都要贯彻创新原则,以此来组建一个具有较强专业性的服务团队,提供不断创新的定制化、个性化服务,对商业网球健身俱乐部的核心竞争力进行培养,从而提供具有更高附加值的服务以获得更大的市场。

服务质量就是指俱乐部所提供的一系列服务是否能够与消费者的期望相符合。硬件设施和软件服务是决定服务质量好坏的主要体现。会员的具体需求是商业网球健身俱乐部进行服务质量管理的主要目标,主要是根据会员的具体需求来对相应的新

的服务项目来进行有针对性的开发。为了提高健身俱乐部的服务质量、满足广大会员多样化的消费需求,需要不断加强对俱乐部服务人员的专业技能与服务规范的培训,授权一线员工相应的判断范围与处理权,有效提高服务质量与绩效。管理和监控会员身心健康的各个方面,并为会员提供更为优质的服务,同时要将这种服务植根于会员以及相关从业人员的心中。

硬件和软件这两种服务是相辅相成的,综合管理的水平通过良好的硬件设施得以体现出来,同时商业网球健身俱乐部的服务水平又以精良的健身设备作为依托(图 6-1)。

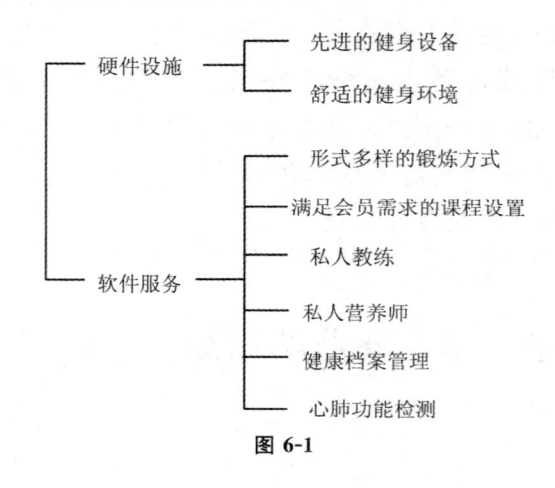

```
硬件设施 ┬ 先进的健身设备
         └ 舒适的健身环境
软件服务 ┬ 形式多样的锻炼方式
         ├ 满足会员需求的课程设置
         ├ 私人教练
         ├ 私人营养师
         ├ 健康档案管理
         └ 心肺功能检测
```

图 6-1

(一)商业网球健身俱乐部的设备管理

对于商业网球健身俱乐部来说,其所销售的产品是一种健康服务,而这种产品所依托的设施设备也应该保持在"健康"状态。在商业网球健身俱乐部的日常工作之中,会员所出现的投诉并不是针对服务人员态度问题,而大都是对于健身设备的问题投诉。对商业网球健身俱乐部的设施设备进行管理有着非常重要的意义,其内容主要包括以下几个方面:

1. 把好设备选购关

商业网球健身俱乐部包括很多的档次,并且档次不同,所需要的设备档次也存在较大差异。要根据各个俱乐部对应的档次以及规模来对设备和设施进行选择和配备,以将设备所具有的实用价值充分发挥出来,同时还要保证产品的质量,特别是产品的安全性能,要保证绝对可靠。

2. 确保制度的落实

商业网球健身俱乐部会涉及很多设备设施,因此应该制定规范、全面的规章制度,同时在日常维护保养中对此进行落实,提高设备的完好率与有效使用率,降低设备损耗,使俱乐部的经济效益实现最大化。

3. 做好更新改造工作

既要对设备、设施做好日常的维修工作,同时还要对设备、设施进行定期检查和大修,通过进行系统的保养和维护来促使设备的使用年限得以提高。同时,还要做好对设备的更新改造工作,以使企业的市场竞争力和企业形象得以不断提升。

(二)商业网球健身俱乐部的顾客服务管理

1. 顾客服务管理的基本要求

(1)及时性

商业网球健身俱乐部所提供的服务工作必须要及时到位,必须要将所有的服务信息向本俱乐部会员提供,以使他们的合理需求能够得到更好的满足。

(2)便利性

在对商业网球健身俱乐部的各个设施进行设计时要注意合理性,尽量为会员安排更为便利的课程时间,如在会员方便或者愿意的时间段,俱乐部来提供相应的服务。

(3)专业性

商业网球健身俱乐部要具有高水平的管理队伍、教练员队伍、公共服务人员队伍以及后勤保障队伍,同时要注意对他们进行相应的培养,以使各个不同层面的会员的各种需求得到满足,以为商业网球健身俱乐部树立良好的品牌形象。

(4)周到性

商业网球健身俱乐部的服务必须要对各种可能会遇到的问题进行充分考虑,并对所遇到的问题进行妥善的处理并解决,如健身区域的环境、浴室的热水水温、文化氛围等。

2.顾客服务管理的主要内容

(1)服务人员的基本要求

①职业道德

遵守国家法律法规和有关规定,依法经营;热爱服务工作,全心全意为顾客服务,认真履行自己的职业职责;尊重客人,满足顾客的需要,做好相应的服务工作;诚信待客、公平交易、实事求是,维护企业的信誉以及消费者的合法权益。

②接待用语

在接待顾客的过程中应该使用普通话,掌握语言艺术;使用文明用语,根据不同的服务对象、服务场合使用合适的语言;掌握语言交往的原则与技巧,说话声音要温和,认真倾听顾客提出的问题,对重点问题进行重复,从而更好地了解顾客的需求;尽量体谅顾客的心理,对顾客有问必答;回答时应该做到简明扼要。不可介入顾客谈话,不对顾客评头论足,对顾客的无意过失应该进行劝导而不是批评的做法。熟悉并掌握一至两门(英语为必备语种)常用接待外语。

③行为仪表

仪表端庄,仪态大方,精神饱满,举止得体,面带微笑,自尊自爱;服装整洁统一,工号醒目;发型整齐美观、自然大方;对于不同顾客的迎送,应该根据生活习惯等做好相应的接待工作;对顾客要做到一视同仁;注意细节,不允许出现不文雅的举止(如剔牙、挠头皮、修指甲、打哈欠等),不要给顾客留下不文明的感觉;认真处理顾客的投诉,对顾客反映的问题应该认真进行落实。

第六章　全民健身背景下网球俱乐部的经营管理

(2)服务人员的服务态度与沟通技巧

①服务态度

在与人沟通交流的过程中,态度要诚恳,积极的态度往往能够吸引会员上门或者再次光顾;在谈话的过程中,有 2/3 的讯息是通过身体语言来进行传达的,从面部的表情、微笑、手部的小动作都能够传递出对会员的态度;在恰当的时机说适当的话是一种非常重要的技巧,要避免出现一些容易使人产生误会的话;要对顾客的名字进行熟记,这既能反映出对会员的一种关心,同时也是对会员的尊重。

②沟通技巧

要善于从会员的立场来寻找他们的想法、需要和兴趣;倾听是一种比较好的沟通技巧,但如果仅仅只是被动去听也是很难将问题解决的,要学会在倾听的过程中寻找出问题的症结;要尽量减少专门术语的使用,多用一些对方所熟悉的语法;在交谈的过程中要使用礼貌、尊重、友善的语调,以使会员能够感受到自己是被尊重的;不要随意编造自己不清楚的信息,要实事求是地告知会员,并告诉会员可以在哪里获得正确的信息。

(三)商业网球健身俱乐部的会籍顾问的管理

在商业网球健身俱乐部的服务管理中,会籍顾问的管理是一项非常重要的内容。作为一种新的工作形式,会籍顾问主要是面向会员的服务和管理,其本质则是一种销售行为。需要注意的是,向会员推售健身卡并不是会籍工作的唯一内容,通常情况下,会籍顾问需要进行一对一的服务,具体内容包括预约体测、停卡、请假、投诉、意见等各种工作。倘若有顾客需要到俱乐部进行相应的服务体验,会籍顾问需要做具体的安排;倘若会员无法参与健身,会籍顾问需要向会员打电话寻问并了解具体情况,并提醒会员要坚持有规律的健身锻炼;在健身的过程中,如果会员遇到了一些困难,会籍顾问需要进行处理,直至会员感到满意为止。

对于会籍顾问的管理,商业网球健身俱乐部首先应该准确认识到会籍顾问对于俱乐部的重要性,应该对其有一个准确的定位,同时建立一套完整、有激励性的薪金制度;要对健身顾问的服务技巧、健身常识、沟通能力、心态培训、销售技巧、专业性以及对俱乐部的忠诚度进行培养。在培养会籍顾问方面并不是一蹴而就的,需要在培养的过程中不断地发现问题,并对其给予鼓励,同时也为优秀的会籍顾问提供足够广阔的发展空间,以使会籍顾问能够在俱乐部内不断获得新的东西,从而让员工更有存在感和归属感。

二、商业网球健身俱乐部的教练员管理

我国健身行业经过了近 20 多年的发展已逐渐趋于成熟,并在很多方面获得了很大的发展。但与国外商业网球健身行业的发展现状相比,目前我国的商业网球健身行业在管理规范方面还是比较落后的,尤其是在教练员管理方面。

作为商业网球健身俱乐部发展所不可缺少的重要因素之一,教练员直接与顾客进行接触和沟通,他们是俱乐部最好的"代言人",在健身服务中,他们的运动技能和健身方法是不可或缺的重要组成部分。教练员的水平越高,就越能够为俱乐部吸引更多稳定的会员,提高会员参与网球健身的兴趣,同时还能够凭借良好的声誉来吸引更多的新会员参与其中。可以说,在商业网球健身俱乐部中,教练员是其中非常宝贵的资源。

(一)健身教练员的管理

所谓健身教练员是指在商业网球健身组织中从事健身技能传授、会员训练、组织健身者做计划中的健身运动或健身操的工作人员。保障顾客更好地保持健康是健身教练员最为重要的工作任务。

商业网球健身俱乐部的教练员不但应该掌握带领顾客跳操、练肌肉的基本技能,同时也要掌握相应的管理技术以更好地发挥

顾客的潜能、保持健身水平、体现力与美。教练员要仔细观察被训练者在有针对性、策略性的过程中所表现出来的心智模式，对其潜能进行充分的挖掘，从而促使被训练者能够有效达到预定的目标。

当前，我国商业网球健身俱乐部健身教练的性别比例总体来讲较为合理，其中男性教练员稍多于女性。之所以存在这种情况，究其原因是因为器械教练和巡场教练都是以男性教练为主体的。健身操教练主要是由女性教练来进行担任，随着其年龄的不断增加，健身操课程的教练所担负的社会责任也会越来越多，同时也会面临着非常大的经济压力，在工作收入方面，教练员有了更高的要求，这也使得很多教练员迫于经济压力而转行，也有一些教练员会转而从事俱乐部的相关运营管理工作。但是，器械教练有着更强的专业性要求，并且其所任职的时间也普遍较长一些。这主要是由于专业的器械教练不仅需要具备良好的身体素质，同时还需要具有丰富的理论知识与实践经验，而年轻的教练员在这一方面往往没有太多的优势。经过多年的工作之后，一般的器械教练在工作经验和专业知识积累到一定程度之后，就会有更多的从事私人教练的工作，这一工作有着比较高的社会地位，在物质收入方面也是相对较高的，这也是器械教练之所以能够有着普遍较长的从业实践的重要原因之一。

对于商业网球健身俱乐部的顾客来说，他们都需要科学的健身指导，这就要求教练员要具有专业的健美知识以及操课或器械的指导能力，同时还要具备生理、人体解剖、医学等方面的技能知识。为了能够帮助健身者获得更好的锻炼效果，教练员还要掌握相应的健康知识，了解会员的工作性质、饮食状况等多方面的情况。

(二)私人健身教练的管理

如今，人们处于高节奏的生活环境中，同时面临着很高的工作压力。当人的收入达到一定的水平之后，就会更加关注个人的运动与健康状况,更多的人选择在空闲时间到健身房去进行健身运动。而对于不同身体素质与不同健身目的的人群来说,如何获得更加有效的健身效果是一个非常关键的问题,私人健身教练这一职业也应运而生。

1. 私人教练的概念

所谓私人教练是指在约定的时间段内,一个教练对一位固定的健身者,根据其生活习惯、身体健康状况以及个人的健身需求,制定出具有个性化的训练计划,以对健身者的运动健身进行有效的辅导。私人教练一般都是按照小时进行收费的,并采取一对一的健身服务,具有针对性、互动性等方面的特点。有针对性地帮助会员获得健康,进行科学、系统的健身指导是商业网球健身俱乐部私人健身教练最为重要的职责。

2. 聘请私人教练的作用

对私人健身教练进行聘请,其作用主要体现在以下几个方面:

(1) 促使顾客的身体能够得到更为全面的发展。
(2) 使顾客的体重能够达到并维持在正常的范围之内。
(3) 帮助会员实现持之以恒。
(4) 针对身体有特殊情况的会员加以特殊关照。
(5) 帮助会员寻求最佳的训练途径与方法。
(6) 避免会员健身走弯路。

3. 私人教练的职业特点

(1) 私人教练需要丰富的知识与技能

私人健身教练不仅应该具备非常专业的心理、医学、营养与运动技能知识、良好的沟通能力,同时还应该有高尚的职业道德。在会员完成课程的过程中,私人教练应该观察他们并对其进行适当的鼓励,对练习过程中出现的不规范动作进行纠正,指导会员科学消耗过剩的热量、掌握运动与营养知识,使会员在日常生活中能够更加灵活地运用。私人教练既要针对每一个会员制定出完整、有效的整套运动计划,同时还要努力成为帮助会员建立健康生活方式的指引者。

(2)私人教练具有广阔的市场

随着健身市场的快速发展,除了国内一些健身中心之外,国外的很多健身连锁机构也都纷纷登陆中国,而与此有着非常密切关系的专业人才也是非常缺乏的。大部分健身俱乐部主要依靠从其他行业转行来的"业内精英",而他们通常不具备系统的健身专业知识。在目前的商业网球健身行业领域中,持有资格证的健身教练的数量是非常有限的,很多健身教练资质的颁发也是非常不正规的,也非常缺乏优秀的私人教练,这就表明私人教练这一职业有着非常广阔的市场发展前景。

第二节　高校网球健身俱乐部

一、高校网球健身俱乐部的目标和任务

对于高校网球健身俱乐部来说,其目标与任务主要涉及以下几个方面:

(1)培养大学生的体育爱好与体育兴趣,促使大学生养成终身参与体育锻炼的良好习惯。

(2)更好地促使大学生的体质得到不断增强,并向其传授体育运动技能和体育运动知识。

(3)充分地挖掘和培养高校体育人才。

高校网球健身俱乐部有着多种多样的体育活动形式和丰富多彩的活动内容,其目的主要是,吸引更多的大学生参与其中,提高大学生参与体育活动的积极性。高校网球俱乐部的组织形式

能够有效整合高校的体育器材、体育场馆以及其他相关的体育资源,从而为大学生更好地参与课外体育活动和课内体育活动提供良好的便利条件和环境。

为了更好地贯彻和落实素质教育,要对高校的体育教育进行深入的改革,探寻出能够促使大学生各个方面素质得以全面提高的最佳方案,以更好地提高体育教学的效率。高校网球俱乐部要将资源作为基本依据,对那些具有共同爱好、需要和兴趣的大学生进行全面、充分的组织,并对其进行内容多样、形式丰富的教学。在这一教学活动过程中,教学计划并不会造成束缚。高校网球健身俱乐部作为一种全新的体育教学模式,它是深入贯彻素质教育的一个典型,这也使得我国全面培养体育人才成为一种可能。

二、高校网球健身俱乐部的组织结构

(一)体育俱乐部结构的确定

一般来说,主要有两种方法来确定高校网球健身俱乐部组织结构的形式,分别是自下而上确定和自上而下确定。

1.自下而上的方式

(1)概述

采用自下而上的方式来对高校网球健身俱乐部的组织结构进行确定,主要是根据大学生的具体需求来创建俱乐部。通常来说,采用这种方式,首先要对大学生的体育需要进行详细的调查和了解,然后将整理好的调查信息汇报到管理部门,从而确定出将要创建什么形式的俱乐部。在这种组织结构中,能够充分体现出"以人为本"的基本办学理念,这也是积极贯彻教育部门所倡导的以学生为主体的"三自主"教学模式的集中体现。

(2)优点

这种方式所创建出来的俱乐部形式能够更好地贴合学生的具体需要,能够满足学生的具体的体育需求,进一步激发学生学习体育运动的兴趣,学生踊跃参与俱乐部活动,而且也能够进一步促使体育教师的业务水平得以提高。

(3)缺点

体育教师承受着非常大的压力,现有的体育资源也很难使俱乐部的具体需求得到满足,缺乏足够的资金,这些都使得体育活动很难得到顺利开展。

自下而上的模式受到大学生的普遍欢迎(图6-2)。

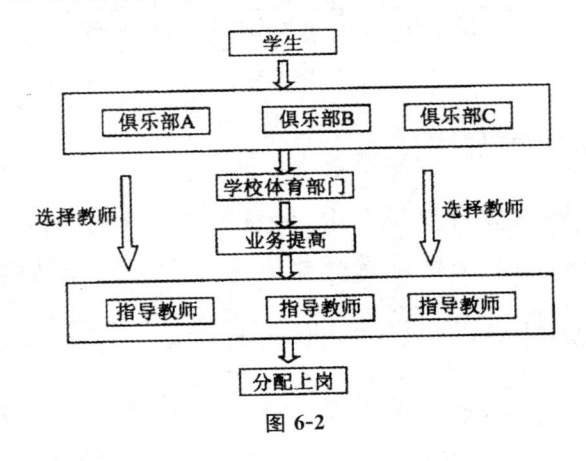

图 6-2

2.自上而下的方式

(1)概述

这种确定方式主要是由管理部门来针对俱乐部的开展形式进行负责确定的。高校有关管理部门要结合本校具体实际来对本校所需及现有的体育资源能够满足俱乐部的各种活动进行充分考虑,并在此基础上来对俱乐部的组织形式进行科学设计。

(2)优点

通过采用这种方式来确定体育俱乐部的形式,能够使体育教师在俱乐部中充分发挥出自己的优势和特长,并且能够更好地对本校的体育资源进行整合。

(3)缺点

以这种方式来对俱乐部的形式进行确定,无法很好地反映出学生的具体需求,也无法充分地满足学生的体育需求。

在结合本校的师资力量及体育资源后,大多数高校都会选择这种方式来对体育俱乐部进行设计(图6-3)。

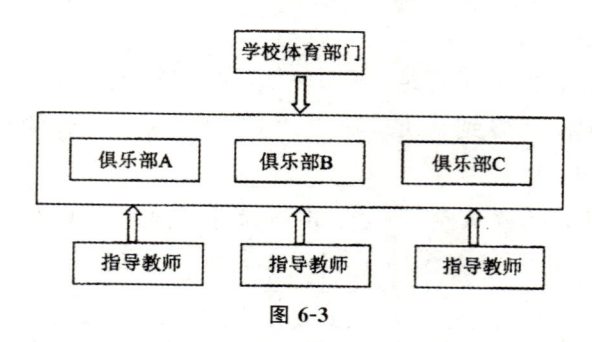

图 6-3

(二)体育俱乐部的教学结构

在高校网球健身俱乐部中,体育教师在教学的过程中要根据具体的教学内容来灵活地选择相应的教学方法和结构。

1.与"俱乐部教学模式"相符的教学方法

由于高校网球健身俱乐部具有鲜明的集体性特征,这也使得在教学过程中,体育教师普遍采用"发现式"教学方法。这种方式能够很好地帮助教师的观、看、帮与学生的动、练、学形成统一的体系,针对学生的错误,教师能够进行逐一纠正。在这一方法中体现出了比较好的"以学论教"的理念。在对学生的学习状态进行评价的过程中,体育教师要格外注意学生是否具有比较积极的参与体育学练的态度,是否具有合理的活动分工,学生之间是否建立了比较融洽的合作关系等。在整个的学习过程中,都要将学生的状态考虑在内。

2.俱乐部的教学组织形式

高校大学生根据自身的兴趣和爱好来参与相应的体育俱乐

部,虽然在同一俱乐部中学生成员具有相同的爱好和兴趣,但在技术水平方面却存在比较大的差异。这就要求参与同一俱乐部的学生要学会相互尊重,相互帮助,并加强相互之间的沟通和交流,从而在互助和合作的过程中达成学习的目的。为了更好地促使俱乐部中全体成员的技术能力得以全面提高,我们需要对教学的具体组织形式加以科学的设计和确定。

在俱乐部中,成员之间要想实现"合作",主要是通过"队与队""组与组"的形式来达成的。这就要求体育教师要根据学生的技术水平来进行合理的分组。通常来说,体育教师进行分组主要采用"三级"组织形式,即初级、中级、高级,这三个等级层层递进,能够对学生的学习加以不断深入,并使学生的技术能力进行逐步完善,在此过程中,学生也会产生满足感、快乐感和成就感。就事实来讲,在激励机制中,"三级"组织形式也是其中一种重要的表现形式。

就整体来说,"三自主"的管理组织形式和"三级"教学模式都具有很强的针对性,都能够获得比较理想的教学效果,这也使其受到体育教师和学生的广泛欢迎。这是高校网球健身俱乐部教学模式的一个优势和特征(图6-4)。

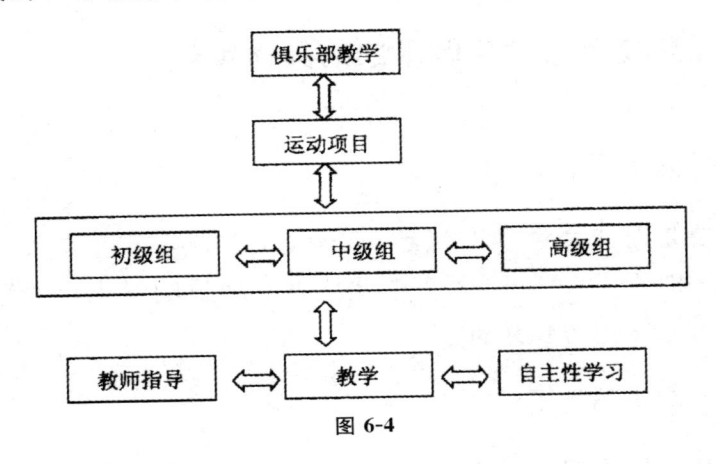

图 6-4

3.教学内容的确定

在对"三级"教学模式加以实施的过程中,高校网球健身俱乐部对教学内容提出了不同的要求。这主要是因为这一模式具有递进性,这使得各个不同级别的教学内容有着不同的侧重点。详细地说,初级组主要将基本动作或基本技术作为主要教学内容;中级组主要将基本技术的应用以及简单战术的教学作为侧重点;高级组主要是引导学生进行更好的技术和战术实践(表6-1)。

表6-1 "三级"教学形式对应的教学内容

	初级组	中级组	高级组
教学内容	基本技术 基本动作	技术应用 技术实践	技术、战术实习
形式	集体练习	团队合作	竞赛

无论是处于哪一阶段的体育教学,高校网球健身俱乐部都要以团队的形式来进行开展,在团队中,学生能够对自己的沟通能力加以锻炼,并对自己的抗压能力进行磨炼,并将以往"怕出问题""不好意思"等心理负担卸掉,使得整体的素质得到更好的改善,同时学生之间的相互交流和沟通,也能够更好地促进和谐校园的建设。

三、高校网球健身俱乐部的具体管理

(一)入选资格

只要是对体育运动有兴趣,有爱好,便能够自由加入到俱乐部之中。对于上一学年、上一学期从事本项目的学生也能够自愿申请加入某一体育俱乐部。

(二)俱乐部分班

当某一俱乐部的学生加入太多时,可以将这些学生划分成几个班级,并且每个班级都有着一定的人数限制,以及合理的性别搭配。一般来说,在进行分班的过程中,要考虑教师的工作量,以更好地确保体育教师能够有效地完成教学任务。此外,还要充分考虑学校的体育资源,以更好地使这些资源得到充分利用。

(三)俱乐部管理章程

高校网球健身俱乐部的管理要制定出相应的章程,以更好地约束和规范俱乐部成员的行为。通常来说,学院要统一制定出俱乐部管理章程的范本,然后以此为依据,各个俱乐部要制定出本俱乐部的详细章程,同时结合自身的具体实际补充新的内容。在制定好相应的章程之后,需要经过学院体育主管部门的核准之后,才能生效。下面对高校网球健身俱乐部管理章程中常见内容进行说明,以供参考。

1. 总则

第一条:本俱乐部定名为×××学院×××体育俱乐部。注意使用规范的名称,中文名后应加上英文译名及英文缩写,"中华""中国""全国"等字样不得出现在名称中。

第二条:本俱乐部性质是×××。性质要将党的教育方针及俱乐部的公益性、教育性等体现出来。

第三条:本俱乐部宗旨是对党和学院的体育工作方针与政策积极贯彻,以《中华人民共和国体育法》及《教师法》中的相关规定为依据,对×××活动大力开展,以促进×××的提高,使本俱乐部中的全体学员都可以在良好的交流、互动中得到锻炼,从而更好地服务于社会主义精神文明建设。

第四条:本俱乐部的业务主管单位是学院教务部门和学院体育部门。对主管部门的双重指导与管理,本俱乐部自愿接受。

第五条:本俱乐部活动场所为×××。地点或场地要明确说明。

2. 俱乐部开展活动范围

第六条:本俱乐部×××学期活动范围:

(1)×××。

(2)×××。

(3)×××。

将项目种类及具体内容明确列出。

3.负责人(学生)的产生与罢免

第七条:除教师以外,本俱乐部的负责人由全体学生会员共同推选,每个学年或每学期进行改选。负责人的职权如下:
(1)对本俱乐部的发展规划进行制定。
(2)对本俱乐部的活动开展计划进行制定。
(3)对本俱乐部的章程进行制定和修改。
(4)对本俱乐部中群体部、检查组、竞赛部等内部管理机构的设置具有决定权。
(5)对本俱乐部中其他重大事项具有决定权。

第八条:召开学年或学期俱乐部大会。

第九条:本俱乐部负责人的罢免程序是×××。(如果俱乐部负责人对自己的职责无法履行,或俱乐部中一半以上的会员认为需要重新推选负责人,就通过举行全体大会来重新推选新的负责人,继而进行改组)。

第十条:负责人(学生)必须具备下列条件:
(1)有良好的政治素质。
(2)有健康的身体和积极的态度。
(3)掌握较为全面的技术。
(4)拥有良好的群众基础。
(5)组织能力强。

4.附则

第十一条:本章程的修改,须由体育主管部门审批。

第十二条:本章程的解释权归学院体育部门和任课教师所有。

第十三条：生效。

四、高校网球健身俱乐部经营与管理的指导思想

"健康第一""以人为本""终身体育"是我国高校网球健身俱乐部经营与管理的主要指导思想，这也是根据国家的教育政策和方针来进行制定的。

（一）"健康第一"

在体育教育中，"健康第一"是其中的一个非常重要的理念，体育教育的基本目的是促使学生的体质水平得以提高，在促使学生身体素质得以不断提高和发展的过程中，必须要始终坚持贯彻"健康第一"的理念，不能为了促使体质水平得到提高和发展而忽视了身体健康的重要性。高校网球健身俱乐部管理模式的建立要坚持"健康第一"的指导思想，并帮助学生建立正确的体育观念，并在体育工作中始终贯彻这一观念。这是新时期学校体育教育工作者应完成的重要任务。

（二）"以人为本"

在高校体育教育发展及高校网球健身俱乐部管理模式建立过程中，"以人为本"的科学发展观及教育理念有着非常重要的指导意义。在"以人为本"中"人"所指的既是个体，同时指的也是全体，它既具有社会属性，同时也具有自然属性。高校网球健身俱乐部管理模式的建立必须要将"以人为本"作为基础，以使学生日益增长的体育需要得到满足。

（三）"终身体育"

所谓终身体育是指一个人能够终身接受体育教育，并参与体育锻炼的总和。一般来说，终身体育教育可以分为学前体育、学校体育和社会体育三个层次。其中，在终身体育教育中，学校体

育是其中非常重要的环节。身处青春期的青少年必须要加强体育课程的学习,以促使自身的体育水平得以不断提高。在新世纪,在高校俱乐部式的体育教育中,一定要树立"终身体育"的观念和意识,使学生养成科学参加体育锻炼的良好习惯,将体育锻炼贯穿学习、生活的始终,积极主动地参与到体育锻炼之中,进而形成良性循环,最终实现终身体育的目的。

在高校体育教育中,"健康第一、以人为本、终身体育"是非常重要的指导思想,作为高校体育教育的一部分,高校网球健身俱乐部在管理模式构建方面也要遵循这一指导思想,科学有效地对体育俱乐部加以管理。

五、高校网球健身俱乐部经营与管理模式的构建

(一)俱乐部类型

高校网球健身俱乐部的类型主要包括三种,分别是教学型、训练型和健身型。

(二)俱乐部中会员构成及人数安排

高校网球健身俱乐部是面向全体学生开放的,学生是俱乐部的主要参与群体。除此之外,高校中的部分教职工也会参与俱乐部的相关活动,成为俱乐部的成员。为了更好地保障俱乐部的运营质量,这就需要规定各个俱乐部的具体人数。通常来说,每一个俱乐部所拥有的会员为30人,如果俱乐部所拥有的人数太多,就需要对学生根据具体情况进行分组。

(三)俱乐部的师资构成

体育教师是高校网球健身俱乐部的主要师资。此外,还有体育特长生、外聘教师、其他部门的教职工等。

第六章　全民健身背景下网球俱乐部的经营管理

(四)俱乐部的经费来源

高校网球健身俱乐部的经费主要来源于学校下拨的经费、会员缴纳的会费以及企业的赞助等。俱乐部的不同类型，所需要缴纳的经费也是不同的，要根据具体实际需要来进行制定。

(五)俱乐部的组织管理机构

通常情况下，高校网球健身俱乐部的主席都是由学校领导来担任，并有体育管理学院的领导、校工会、校团委以及教务处的相关领导担任俱乐部的副主席。在体育项目方面有着非常多的种类，这也使得体育俱乐部中的各种项目部、各个项目俱乐部的主任、指导员、指导教师、会员共同构成了项目部组织管理人员。不同项目俱乐部的主任负责挑选相应的体育教师来对各个类型的俱乐部活动进行组织。高校网球健身俱乐部组织管理机构中相关管理人员的职责如下：

(1)对于俱乐部整体的运行计划，交由俱乐部的副主任来进行制定，同时检查和监督本俱乐部的工作。

(2)公共体育部主任负责安排俱乐部的相关工作，并检查和监督俱乐部工作及计划执行进展。

(3)各个项目的俱乐部主任对本俱乐部的运动计划进度进行安排，检查每一位指导教师的具体工作情况。

(4)各个俱乐部的指导教师都要将自身的工作做好，并建立学生档案。

(5)俱乐部的学生体育骨干对俱乐部成员进行召集，使其参与俱乐部举办的活动，骨干在活动参与中要发挥良好的带头与模范作用。

(六)俱乐部的活动内容

在安排和设置高校健身俱乐部的具体活动内容时，要对高校的体育师资力量、具体教学实际、体育基础设施以及学生的男女性别比例进行充分考虑。一般来说,高校俱乐部所开展的活动主要有健美操运动、球类运动、瑜伽、拓展训练、武术运动等。在条件允许的情况下,还可以开展一些时尚健身娱乐项目,如街舞、体育舞蹈、游泳、轮滑、棋牌以及保龄球等锻炼活动,这样能够使学生多方面的体育锻炼需求得到满足。

(七)俱乐部的活动时间、次数及地点

一般情况下,从上午 8:00 到 20:00 是高校网球健身俱乐部开展活动的时间,在对俱乐部活动时间进行确定的过程中,要对学校教学安排以及师生的作息时间进行考虑,同时为了安排得更加合理,还需要对全校师生开展相应的问卷调查,并根据相应的调查结果确定出时间。

各个类型的俱乐部要结合自身具体需要来对每周所要组织的活动次数进行确定。在每一个俱乐部中,会员都要至少参与一个学期的活动或者在俱乐部中进行为期一个学期的体育学习。然后,再结合自身具体情况来决定是否继续参与本俱乐部的相关内容学习,或者申请参与其他俱乐部的有关活动。

对体育俱乐部来说,高校体育场馆是举办各种体育活动的主要场所,要根据实际需要来进行确定,也可以同校外其他相关单位进行沟通来对场馆进行确定。

(八)俱乐部的组织形式

高校网球健身俱乐部的构成必须要将学生作为中心,具体来说,就是要将学生的具体兴趣作为中心,要结合各自俱乐部的具体任务和特征,各个指导教师同学生一起来设置和安排相应的教学内容,组织相应的教材,并选择合适的教学方法。在具体的教学过程中,既要对实践教学给予充分的重视,同时也要重视相关理论知识的传授,并通过相应的理论教学来对学生的体育意识进行重点培养。在对教材内容进行安排的过程中,要特别重视将阶段性和系统性充分结合起来,并进行层层推进,从而促使学生的体育素质得到不断提高,并充分满足各个层次学生的体育锻炼和体育学习的需要。

(九)俱乐部的教学方法

在选择教学方法方面,高校网球健身俱乐部要注意所选择的方法能够对学生的体育能力和体育兴趣进行培养,能够更好地促进学生的主观能动性得到充分发挥,更好地启发学生的创新能力和创新思维,并促使教师和学生形成一个比较良好的互动关系,以促使学生能够形成正确的体育观念,并提高其具体实践能力。

(十)俱乐部的考核和评价

高校网球健身俱乐部的考核与评价不采取学分制的形式,也不考核学生的成绩,而是主要衡量俱乐部师生是否达到了自己的目标。

(十一)俱乐部的管理方法

高校网球健身俱乐部对会员进行管理主要采用激励机制,如精神激励、物质激励等。

所谓精神激励,就是对会员的具体兴趣和爱好进行了解,并且要想方设法进行满足。俱乐部要定期地对那些具有突出表现的会员进行表扬。同时,还可以开展相应的对优秀会员进行评选的活动,以此来更好地激励会员参与各种体育活动的行为。

所谓物质激励就是指俱乐部对那些具有突出表现的会员给予相应的物质奖励。

训练型体育俱乐部的学生会员有时会代表学校外出参加重大比赛,并且取得良好的成绩,为学校赢取荣誉,争光添彩,对于这部分学生,俱乐部要给予其物质与精神全面奖励。

第三节 社区网球健身俱乐部

一、社区网球健身俱乐部经费筹集模式

就目前来说,社区网球健身俱乐部在经费筹集方面有着非常多的方式,主要有政府补贴、赞助商赞助以及咨询服务等来获得相应的收入,具体如下:

(一)政府补贴

在社区网球健身俱乐部创建的初期阶段,其各个方面发展是相对不够成熟的,无法实现自负盈亏和自主经营。这时就需要政府给予相应的资金补贴,以更好地促进社区网球健身俱乐部不断发展和完善。政府在给予相应资金补贴的同时,还要制定出相应的优惠政策,如减免一定的税务。

(二)拉赞助商

在进行自我管理的过程中,俱乐部可以通过拉赞助的形式来获得相应的资金。另外,也可以开展体育比赛和体育表演等来促使俱乐部的影响力得到不断扩大。社区网球健身俱乐部还要与其他企业、单位进行积极合作,以更好地促进其向俱乐部进行投资,达到互惠互利的目的。

(三)咨询服务

通过向人们提供相应的体育健身指导服务,俱乐部可以获得相应的经济收入。社区网球健身俱乐部可以设立相应的网球指导咨询处,针对健身者的体育与健康方面的问题进行解答,并给出合理化的建议和意见。现代社会互联网给人们的社会生活带

来了非常重要的影响。健身俱乐部可以建立相应的微信公众号、资讯网站等,并建立起相应的健身数据库,以为人们更好地掌握各种健身方法提供科学指导,同时传授相应的健身理论和健身技术,并为一些组织或企业开展体育活动进行策划等。

除了以上几点之外,俱乐部还可派遣相应的人员来提供技术指导,以更好地帮助其他的健身者获得相应的体育技能和体育基本知识,并适当地收取一定的服务费用。通过进行体育信息服务和咨询等方面的运作,一方面能够促使俱乐部成员不断提高自身的实践能力,并在此过程中积累其相应的指导经验;另一方面,也能够使俱乐部从中获得一定的资金收入。

(四)场馆使用费

对于体育器材和体育场馆的限制势必会造成资源的浪费,这时可以利用闲暇时间将多余体育器材和体育场馆向其他人进行出租,并从中收取一定的使用费用。这样能够更好地避免体育器材、体育场地的限制,并能够从中获得一定的收益。

(五)会员费

收取会费是俱乐部的又一重要的收入来源,作为一个群众性组织,体育俱乐部要想实现其正常的运作,需要会员缴纳一定的费用来更好地维持其运作。只有缴纳相应的费用,才能正式成为俱乐部的一员,也才能更好地享受俱乐部的各项服务。

(六)门票收入

门票收入是社区网球体育俱乐部的一个非常重要的收入渠道,社区承担相应的比赛,并获得一定的门票收入,能够在一定程度上赚取相应的资金。

二、社区网球健身俱乐部的场馆与器材建设模式

人们对各项健身活动的组织和开展主要是在体育场馆设施

和场地中进行的,如果没有相应的体育场馆,那么人们的健身锻炼也势必会受到相应的影响。我国目前社区体育缺乏足够的运动场馆,这也是对社区体育发展产生影响的第一大难题。加强体育器材和体育场馆的健身,可以从以下几个方面着手进行:

(一)要加大对体育场馆设施建设的投资力度

所要建设的体育场馆设施必须更好地满足广大群众日益增长的体育健身需求,在促使俱乐部收入增加的基础上,政府也要从以下两个方面进行政策调控和倾斜:

1. 立法保障

在现代城市中,土地资源成为有限资源,相对比较紧张,有些开发商在进行社区建设的过程中,往往会无视人们参与体育健身的需求。这就要求政府针对城市社区体育设施配套建设方面进行立法,制定出相应的保障性政策,以促使在进行小区开发、城市规划的过程中,将体育场地设施建设纳入到总体的规划建设之中。

2. 调动社会力量

社会网球健身俱乐部的场地设施建设,除了需要政府进行投资之外,还需要对社会力量进行充分调动,并对体育社团、企业组织和个人等进行投资,进行积极鼓励。

(二)要全面地推进现有体育场馆设施向社会开放

1. 体育场馆设施利用现状

由于我国体育场馆设施在利用率方面非常低,为了更好地促进我国社区网球健身俱乐部得以更好的发展,要积极地推动体育场馆设施面向社会开放。我国目前体育场馆和场地设施之所以利用率比较低,主要原因如下:

第六章　全民健身背景下网球俱乐部的经营管理

（1）现阶段，我国学校中拥有了大部分的体育场馆，并且这些场馆大都长期处在闲置的状态。教育部门要针对体育场馆开放制定出积极的措施和政策，以使人们参与体育的需求得到满足。

（2）由于距离居民区比较远，一些体育运动场馆就会给人们的健身带来很多不便之处。这就要求我们在规划体育场馆建设中，要重视中小型体育场馆的建设，以更好地方便人们进行健身锻炼。

（3）对于那些面向社会开发的健身场馆，其价格也都是比较高的，这也在无形之中阻碍了群众的健身需求。这就需要通过相应的政策来对体育场馆高消费的现象进行有效调控，从而更好地实现体育运动场馆的使用更加平民化。

2. 体育场馆开放管理模式

一般来说，在开放体育场馆方面，比较常用的管理模式主要有三种：

（1）公益性管理，始终遵循非营利性原则，对社区体育活动中心、公共体育场馆等进行管理，并使之面向广大社区群众进行无偿和低偿服务。

（2）针对协会举办俱乐部实行半市场化运作，面向整个市场进行自主经营，以此来促使自我发展的能力得以不断提高，也更好地促进俱乐部得以更好的发展，并采用低廉的价格将体育服务提供给社区群众。

（3）对于那些经营性的俱乐部来说，要使其加强同群众体育组织的合作和联系，通过依靠自身所具有的技术优势和场地优势来更好地帮助群众有效地开展各种体育活动。

（三）要大力开发户外体育运动资源

由于我国国土面积非常辽阔，有着非常丰富的户外运动资源，这也在一定程度上为人们提供了比较好的体育运动场所，因此要对这些资源加以充分利用。

首先，我国分布着众多的湖泊和水库，这为水上运动的开展提供了非常便利的条件，如划船、游泳等；又由于我国海岸线比较长，同时又有着非常多的河流，适合开展沙滩排球、野营和冲浪等活动。

其次，我国有着非常广阔的山地和森林，可以开展徒步旅行、登山、野营以及冬季运动项目等。

政府在促进社区体育发展的过程中，也要将其职能得以有效发挥出来，积极提供相应的宣传、指导和教育，并大力提倡人民群众通过合理利用户外体育资源来达到健身的目的。此外，我们还要对一些户外运动资源所需的基础设施进行建设和完善，如通过制定和建立相应的危险预警机制，能够更好地使锻炼者的安全得到有效的保障。我国应该通过采用各个有效的手段，来对人们健身场地资源缺乏的现状加以改善，从而达到综合利用这些资源的目的。

三、社区网球健身俱乐部指导员队伍建设

我国人口相对较多，社区体育指导员相对较少，还不能满足人们的健身需求。另外，社区体育指导员的素质相对较低，不能满足人们科学健身的需求。加强我国社区体育指导员队伍的建设，应注意以下几方面的问题：

（一）发挥政府的管理职能

在社区网球健身俱乐部中，对指导员进行建设要确保政府职能得到有效的发挥。就目前来说，我国群众体育健身的总体需求得到了非常快速的发展，人们的健身需求很难从我国当前培养体育指导员的速度方面得到满足，要促使这一培养速度得到进一步加快，提高指导员的整体业务素质。此外，针对社区体育指导员要进一步实现和规范等级制度，确保政府的管理职能得到有效发挥。

（二）建立统一水平考试制度

为了更好地促使社会体育指导员的整体素质得到进一步提升，提高社会体育指导员的数量，这就需要我们将社会体育指导员的相关资格测试设定为一种水平考试，以促使那些乐意从事社会体育指导工作的人在经过一定的努力之后能够实现这一目标。一般来说，通过建立统一水平考试制度，既能够对社会体育指导员的培训内容、相关资格、培训标准等进行相应的规范，同时还能够很好地体现出公开、公平、公正的原则。

（三）疏通指导渠道

既要加强社区指导员队伍建设，同时还要重视对社会体育指导员提供社会指导的渠道进行有效疏通。具体而言，应注意以下几方面工作的开展：

(1)针对社会体育指导员对群众进行培训和指导的制度加以完善，并促使服务领域得以拓宽，进一步促使社会体育指导员的社会认可程度得到进一步提升。

(2)对群众体育的实际需求加以积极调查，针对各个不同领域对体育社会指导员的具体需求状况加以了解，然后根据所获得的反馈信息，对社会体育指导员加以有针对性的培养。

(3)促使我国各体育组织的人口数量得到不断提高，以更好地为社会体育指导员提供一个更加稳定的指导服务渠道。

(4)对于社会体育指导员协会及其相关的管理信息网络，我国要着重加以建立和健全，以更好地使广大群众能够更加便利地找到社会体育指导员的信息。

四、社区网球健身俱乐部管理机制

（一）我国社区网球健身俱乐部管理制度

一定的管理机制，是社区网球健身俱乐部得以顺利运营的重要保障。就目前而言,我国社区网球健身俱乐部仍处在刚刚起步阶段,其相应的管理机制还需要进一步加强完善和发展,这就要求我们要格外重视社会体育健身管理机制的发展和完善。具体而言,我国社区网球健身俱乐部的管理机制包括以下几方面:

(1)根据我国相关的政策和法规规定,各级行政部门要结合自身具体实际来对与社区网球健身俱乐部发展相关的方针和政策加以制定。

(2)各级社区体育研究部门要在各个相关政策法规的正确指导下,对各社区网球健身俱乐部的相关督导检查制度进行制定。

(3)依据上级所下达的指令,社区要结合自身具体实际来制定出与自身实际相符合的各项规章制度。

(二)社区网球健身俱乐部的组织机构

通常来说,社区网球健身俱乐部包含很多个部门,主要有综合部、体育竞赛部、后勤部和联络部等部门。各部门有其相应的职责:

(1)对于综合部门来说,其主要的职责就是为社区居民办理好相关的入会手续,注册成为会员,同时还要进行相关的财务管理,以及各种相关管理制度的制定。

(2)对各类网球竞赛的组织和计划,同时制定出相关的比赛规则,这些都是竞赛部门的主要任务。

(3)对相关的器材、设施和场地进行维护和管理,制定出有效的相应器材的管理制度,这些是后勤服务部门的主要任务。

(4)联络部的主要职责就是承担对外的交流工作,对外的体育比赛,以及安排一些体育交流活动等。

(三)社区网球健身俱乐部的内部管理

1.制定社区网球健身俱乐部的目标

在对社区网球健身俱乐部的相关目标进行制定的过程中,要对社区居民的具体实际进行考虑,同时还要考虑社区现有的体育资源条件。社区网球健身俱乐部的目标具有可操作性、适应性、超前性和合理性等特点。该目标的制定主要是由指导员以及会员所共同完成的,在目标制定的过程中,俱乐部的每一个成员都有发言的权利。

2.逐步完善俱乐部的激励和约束机制

在对目标进行确定之后,社区网球健身俱乐部还要建立起相应的约束和激励机制,以更好地实现目标。要对会员施加相应的精神激励,以使他们的体育健身需求得到满足,同时还要及时地引导和矫正在健身活动中会员表现出的消极情绪。

(1)应建立相应的激励机制

在对相关活动进行组织和开展时,要对那些在活动中有着良好表现的会员给予表扬,既可以颁发相应的证书,也可以给予其相应的物质奖励,将其树立为典型和榜样,以更好地促使社区网球健身俱乐部得到更好的发展。

(2)建立评估督导、激励机制

体育行政部门要对相应的评估指标体系加以拟定,并制定出相应的评估标准,对社区网球健身俱乐部进行分期评估。对俱乐部的保障体系、管理体制、目标达成度进行评估,使社区网球健身俱乐部建立科学的运行机制。

五、社区网球健身俱乐部具体运作模式

(一)健身内容设置

在对相关网球健身内容进行设置的过程中,要注意结合社区网球的价值定位及其特点来进行。社区网球健身所包含的内容必须要使成员的交流、娱乐、休闲、健身、康复等方面的具体需求得到满足。在对健身内容进行设置时,要确保内容具有适应性和广泛性,以满足团体的具体需要。

在设置健身内容时,要根据社区居民的体质健康目标,并与

社区居民的身心特点相符合,同时还要适应群众体育的具体发展趋势。通过对社区体育的相关设施加以充分利用,以确保社区体育资源优势得到充分发挥出来。

(二)俱乐部的健身活动锻炼形式

在组织和辅导会员的相关活动时,体育健身指导员通常会根据年龄划分为三组,分别是老、中、青、少年组。在具体的健身实践过程中,也可以按照各个不同年龄阶段来进行男女分组。

(三)俱乐部理论技术初学内容的指导形式

在初学阶段,指导的形式有很多种,主要有社区体育广播、宣传海报、理论和技术学习教室等。对于那些具有条件的俱乐部,也可以建立自己的官方网站,对成员进行网上指导。

(四)会员体育(健康)成绩的验收方法

1. 口头陈述

作为一种替代性评价方式,口头陈述主要是给予俱乐部会员机会,让他们将自己的知识和能力展示出来。这种方式的使用需要会员对知识加以综合运用,得出相应的结论和作出相应的决定,并对所选择的正确性加以证明。

2. 健康测验

这种测验方式主要涉及到那些与健康有着密切关系的体能方面的测验,通过进行这一方面的评价来测试其是否获得相应的进步。此外,健康测验也能够为相应目标的建立提供依据。

3. 自我评价

经过一定时间的锻炼之后,针对自身的身体健康状况进行自我评估,并就健身前与健身后的身体变化进行比较,从而得出所从事的健身锻炼是否获得成效。

第七章　网球运动健身的开展

网球运动具有增强体质、提高判断能力、休闲娱乐等功能,因此现代社会中,随着人们对体育锻炼的重视,越来越多的人正在通过网球运动来实现健身的目的。参与网球健身,最主要的就是掌握健身技战术,并具备良好的心理素质,只有对网球技术与战术的动作方法有了熟练的掌握,而且保持良好的心理状态,才能顺利实现健身目的。本章主要就网球健身技战术的动作方法及心理素质培养进行研究,以科学指导人们进行网球健身。

第一节　网球运动基本技术

一、网球技术概述

(一)网球技术三要素

网球运动中的击球技术有很多,但不管是哪项技术,都包含三个基本要素,即速度、角度和深度,这三个要素直接影响网球技术的使用效果,下面就重点分析这三个基本要素。

1.速度

击球速度,即网球运动员在网球训练或比赛中常说的打速度球。打球速度具体包括反应速度、判断速度、移动速度和击球速度等几方面。在网球比赛中,当对手场上出现空当时,运动员需及时掌握好时机,通过打出适宜角度的球或有力量的球来赢取得分机会。当运动员以较快的速度移动时,可以适时快速还击来球,在速度上占取优势。例如,在双方对抗中,运动员使用截击球技术能够以最大的速度回球,给对手造成严重打击;如果是要回击落地球,可有意识地加大挥拍的速度,从而使击球时的爆发力进一步增强。此外,为了达到加快回球速度的目的,还可以采用压低球的飞行弧线、缩短球在空中的飞行时间等手段。

在网球运动中,运动员需通过专项速度素质训练来提高自身的反应速度、快速判断能力和移动速度。现阶段,上网速度快、击球速率高、爆发力强、移动速度快、步法灵活等是国内外很多优秀网球运动员都具备的基本素质,正因为具备了这些素质,运动员才能迅速向击球位置移动,才能及时到位打出好球。

2.角度

网球运动中,击球运动员和接球运动员的连线与接球运动员两侧的夹角就是所谓的击球角度,从击球角度入手来打球也就是打角度球。不同的拍面角度和挥拍方向如图 7-1 所示。

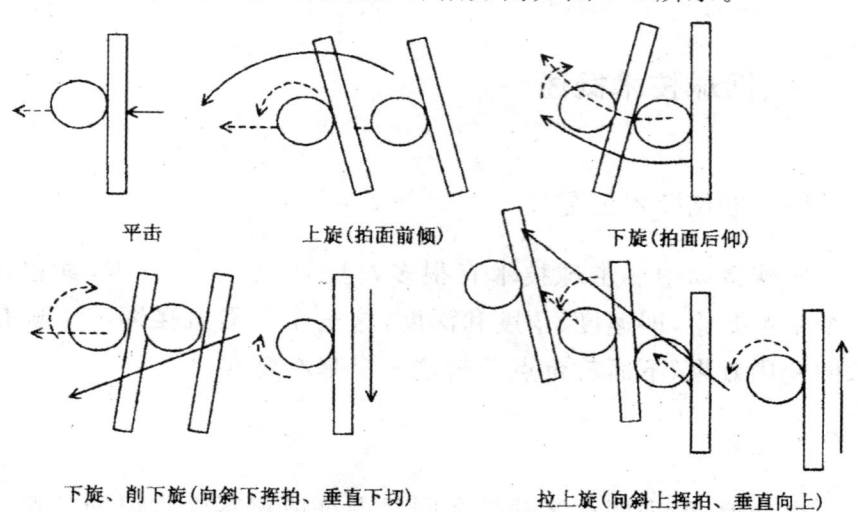

平击　　上旋(拍面前倾)　　下旋(拍面后仰)

下旋、削下旋(向斜下挥拍、垂直下切)　　拉上旋(向斜上挥拍、垂直向上)

图 7-1

第七章　网球运动健身的开展

3.深度

在网球运动中,运动员击球过网,球的落点距离对方底线远近的程度就是所谓的击球深度,从击球深度入手来打球即打深度球。如果击球过网后,球的落点与底线之间的距离远,就是打球浅;如果球的落点与底线之间的距离近,就是打球深。运动员为了给自己争取还击下一次来球的时间,一般都会打深球。因为打深球时,球的飞行距离较长,这时运动员就有充裕的时间来为再一次还击球做准备。因此,运动员在对抗中要想获得主动权,就可以采取打深度球的方法。

总之,运动员打深度球可以为自己争取主动权,可以增加对方上网的难度。另外,运动员在打深度球的过程中,不仅要将球打深,同时还要注意打出伴随强烈上旋的球。因为与不转球相比而言,上旋球将以更陡的弧线飞行,以更快的速度降落,而且球落地反弹后的前冲力较大,这会给对方带来较大的威胁。

在网球比赛中,运动员要注意将打速度球、角度球及深度球充分结合起来,即采取"速度球+深度球""速度球+角度球""深度球+角度球""速度球+深度球+角度球"等打法,这样能够使击球威力进一步增强,可以更好地获取比赛的主动权,以充分的优势来战胜对方。在随球上网和网前截击时,更应该注意对速度球、深度球和角度球的综合运用,这是战胜对方,争取得分的有效手段。

(二)网球技术的旋转原理

1.网球的基本旋转轴

网球朝不同的方向都能够旋转,因此其旋转轴是不断变化的,常见的旋转轴有以下几种:

(1)竖轴

通过球心且垂直于地面的轴,也称上下轴。右旋球和左旋球绕此轴转动(图7-2)。

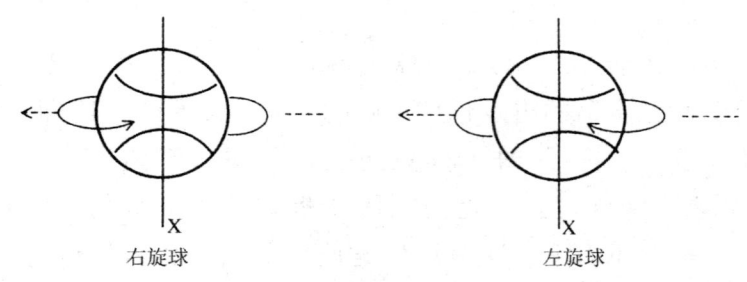

右旋球　　　　　　　　左旋球

图 7-2

(2)横轴

通过球心且垂直于球飞行方向的轴,也称左右轴。上旋球和下旋球绕此轴运动(图7-3)。

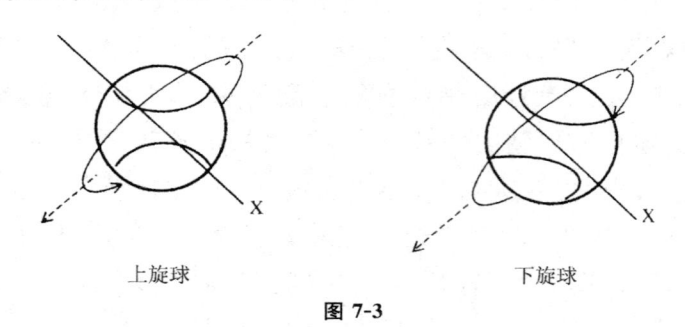

上旋球　　　　　　　　下旋球

图 7-3

(3)前后轴

通过球心且平行于球的飞行方向的轴,也称矢状轴。顺旋球和逆旋球绕此轴运动(图7-4、图7-5)。

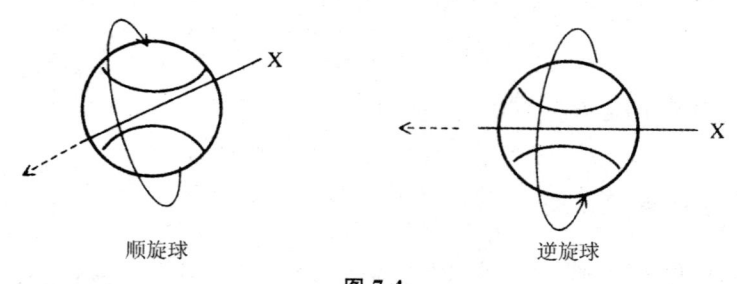

顺旋球　　　　　　　　逆旋球

图 7-4

侧下旋球　　　　　　　　侧上旋球

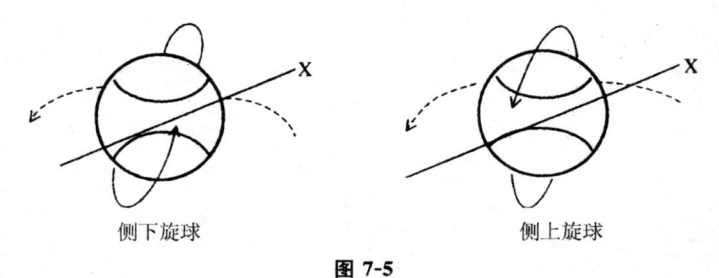

图 7-5

2.网球旋转运动的形式

(1)平击球

平击球是指只有主击球力 P_1 的球,也就是说击球时正对来球的力量是单一的,如图 7-6 所示。

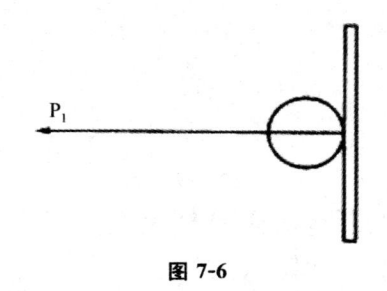

图 7-6

(2)上旋球

击上旋球时,不仅有主击球力 P_1,还有一个上下的力,如图 7-7所示。

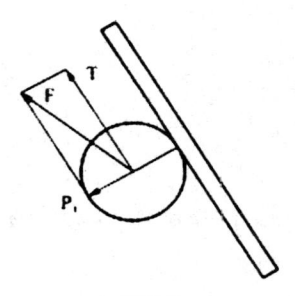

图 7-7

上旋球的旋转与反弹会产生相应的入射角与反弹角,如图 7-8所示。

图 7-8

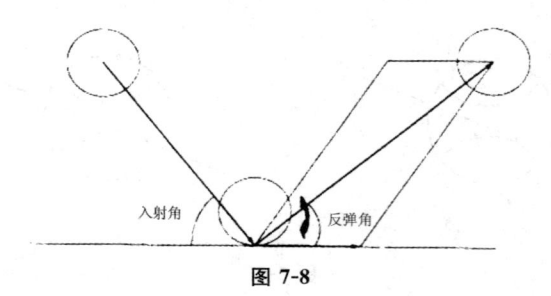

（3）下旋球

下旋球同样不仅有正向主击球力 P_1，还有旋转力 T，这是一个向下的力（图 7-9）。

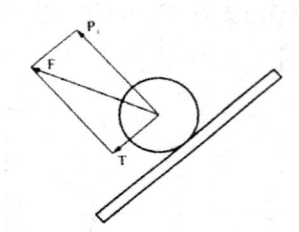

图 7-9

下旋球的旋转与反弹和上旋球完全相反，因此反弹角度会发生相应的变化，如图 7-10 所示。

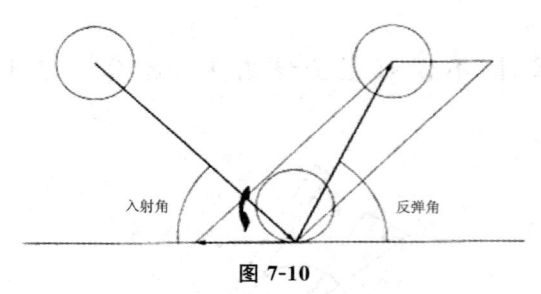

图 7-10

（4）侧旋球

侧旋球的基本原理与上旋球和下旋球类似，但其旋转力 T 在球的边侧，这是最大的区别。

（三）网球技术的发展趋势

当前，网球技术的发展趋势主要表现在以下两方面：

第七章　网球运动健身的开展

1. 网球技术不断创新

网球技术不断创新发展，在反手击球方面，反手的攻击力不断加强，就反手攻击性来说，反手攻击性上旋高球得到了普遍的运用，该技术直接促进了网球运动中防反能力的提高。此外，在网球运动的发展过程中，还陆续出现了一些高难技术，如鱼跃截击球技术，双打比赛中的双上、扑抢网技术，快速起跳高压对付攻击性上旋高球等。

2. 网球技术打法朝着全面、进攻型的方向发展

网球比赛场地并不是固定的，在不同的场地适合采用不同的技术打法，这就要求运动员对全面的技术打法进行掌握，以此来应对不同场地的网球比赛，取得优异的成绩。不同的比赛场地对运动员需要具备的技术能力有不同的要求，如很多网球大赛中采用的硬地球场要求运动员熟练掌握进攻型打法，并具备良好的打球速度。球速与球的弹跳规律因场地类型的不同而存在差异，因此运动员在不同的场地上打球，要注意采用不同的跑动方式和移动步法。运动员只有对网球技术有了全面的掌握，才有可能在不同类型的球场上应对自如，获取优异的比赛成绩。

网球技术打法主要有进攻型打法和防守型打法两种类型。经过 100 多年的发展，网球运动训练水平也得到了有效的提高，具体表现在球速越来越快、击球力量越来越大等。运动员要想战胜对方，就必须对各种各样的进攻方式加以掌握，并学会灵活对其加以运用。需要注意的是，采用进攻性打法的过程中有一个致命的弱点，即非受迫性失误，为了避免出现该失误或减少该失误出现的频率，运动员需对进攻性技术加以全面掌握，从而促进技术稳定性的增强。

总而言之，网球运动技术正向着技术全面的进攻型打法的方向和趋势发展。此外，随着新科技在网球运动领域的广泛运用，不仅市场上逐渐出现了由新材料制成的网球拍，而且运动员的打

球思维也在不断更新,这就进一步加剧了网球竞赛的激烈性。

二、网球技术健身指导

网球技术主要有握拍技术、击球技术、发球技术、接发球技术、截击球技术、高压球技术、挑高球技术、放小球技术、反弹球技术等,下面进行具体分析。

(一)握拍法

网球的握拍方法主要有东方式、大陆式、西方式和双手握拍法。具体来说,图 7-11 为东方式正手握拍法,图 7-12 为东方式反手握拍法,图 7-13 为大陆式握拍法,图 7-14 为西方式握拍法,图 7-15 为双手握拍法。

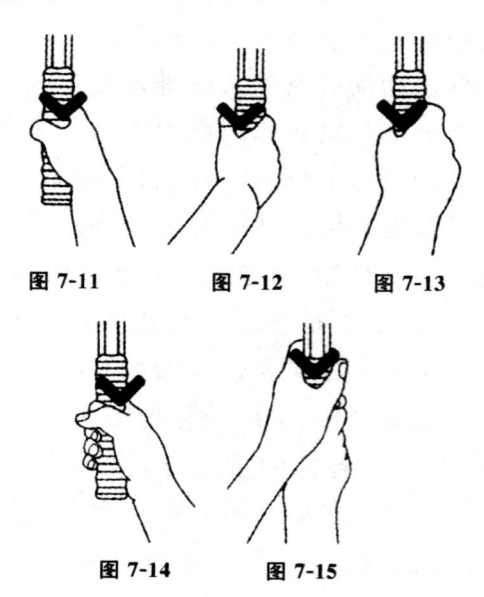

图 7-11　　图 7-12　　图 7-13

图 7-14　　图 7-15

(二)击球技术

1. 正手击球

正手击球是网球技术中最基本的击球方法,也是在网球运动中最常用的动作之一。

以正手平击球为例,将球拍举起,收身;上体大幅度向后仰;在高处扑球;将球拍挥到身体的正前方;结束时,举起右肘,**高度高于头顶**。

在击球的整体结构中,随挥动作是非常重要的一个组成部分,正确的随挥跟进动作有利于使击球动作更协调和连贯,**有利于使击球的力量得到保障**,也有利于对球的飞行落点和弧线进行合理的控制,所以,健身者在网球健身中,必须将随挥跟进环节重视起来。完整的正手击球动作如图 7-16 所示。

图 7-16

2. 反手击球

(1)单手反手击球

以右手握拍为例,从准备姿势开始,以左脚为轴,向左**转肩转髋**,同时右脚跨出一步,使两脚与肩同宽,身体右侧对球网,重心移至左脚上。转肩同时左手转动拍颈使右手呈东方式反手**握拍**,并带动球拍后引与身体平行,击球肘贴近身体,左手轻持拍颈,**拍**

头略低于来球。击球时身体重心移至右脚,左手放开拍颈,以右脚为轴向右转髋转肩,带动右手臂由下向前上挥拍,击球中部偏下,击球点在右脚侧前方。击球后球拍随惯性继续挥至右肩上方,并迅速恢复成准备姿势,随时回击下一次来球(图 7-17)。

图 7-17

(2)双手反手击球

动作方法:当判断准来球是飞向反手方向时,在移动到位的最后一步应保持右脚在前,身体右侧朝向来球方向。双手握球拍向左后方摆动,右臂伸展较大,左臂弯曲。在迎球过程中,挥臂与转体动作配合,使球拍由低向高挥动,击球点在右脚侧前方,拍面垂直,触球的中部。击球后双手随势挥至右侧头部高度,身体重心移向右脚。动作完成后,迅速恢复成准备姿势(图 7-18)。

· 194 ·

第七章 网球运动健身的开展

图 7-18

3.击球技术健身练习

(1)徒手或持拍的挥拍练习。

(2)单个动作的分解练习。

(3)底线一点打二点练习(正反手)。

(4)"N"字线路练习。

(5)底线正、反手对打斜、直线练习。

(三)发球

完整的发球技术如图 7-19 所示。

图 7-19

1. 平击发球

动作方法：侧对球网站立，前脚与端线约呈 45°，指向右侧网柱，身体重心在左脚上，左手托住球拍的拍颈，手臂放松，稍微弯曲并保持在胸部的高度。双臂同时稍下放，在其最低点抛球，手臂与击球手臂分开，但以不同的速度向上摆动；在眼睛的高度将球抛出，击球臂向后、向下、向上引拍，身体重心移至右腿上；在手臂伸展到最高点时，身体重心又移到左腿上，同时，通过髋关节前移，降低身体重心；左腿支撑身体向前、向上运动。击球肩膀转向前面，前臂旋内，充分向前、向上伸展击球臂，在最高点击球，击球瞬间，拍面几乎垂直地面。击球后右前臂继续向外转动，球拍随挥至身体的左侧,左臂在体前的位置作相反运动。击球后随球上网或站在端线附近准备击球(图7-20)。

图 7-20

2. 切削发球

当把球拍拉到身后准备挥动时,由前脚支撑身体重心,手腕竖起并向前扣击,击球后斜挥球拍,同时向场内跨步,完成随挥动作(图7-21)。

图 7-21

需要注意的是,发球时,采用东方式反手握拍或大陆式握拍较为合理。初学网球运动的人,采用东方式正手握拍技术进行发球的比较多,如果发球者是在右区发球,且是以正常动作发球,那么用此种握拍方法很容易使球向外角一侧偏转,这主要是因为在自然情况下手腕所形成的拍面就是带有偏度的,发球者必须向内转手腕才能使拍面偏向内角,而经常做这一动作不但感觉不舒服,还会导致手腕损伤现象的发生。所以,如果采用别的握拍方法也能达到发球目的的话,就不要考虑用东方式正手握拍方法来发球了。

另外,抛球时,注意手臂向上伸时不要屈腕屈肘,尽量垂直向上托送球。手掌走势的最高点是球从手指脱离的最佳点,如果球过早脱手,就很容易在空中晃动或旋转,如果球脱手的时间过晚,则会失去控制。球脱手时,最大程度地展开拇指、食指和中指,注意不要向空中"扔"球,而要向空中"抛送"球。

3.发球技术健身练习

(1)交叉发球

左右两排的健身者同时开始练习,每名健身人员发完2个球后交叉排列继续进行练习(图7-22)。

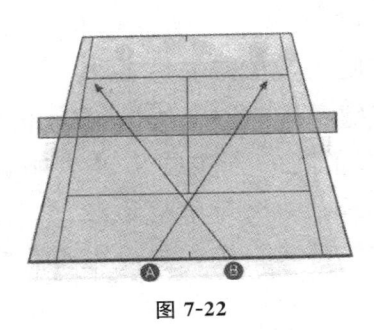

图 7-22

(2)变换发球

健身者注意发不同旋转和落点的球,以此来对对手造成迷惑。连续用不同的旋转发3个球,对发球的最佳落点进行体会(图7-23)。

(3)固定发球控制落点

在两个区都安置三个目标,两区的健身者同时发球,目的是把目标击倒(图7-24)。

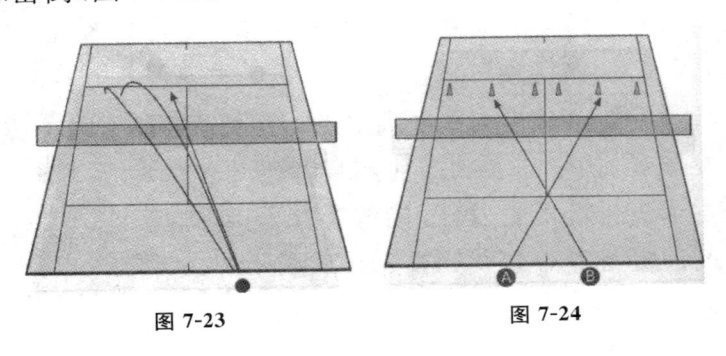

图 7-23　　　图 7-24

(四)接发球

1. 接发球动作方法

如何接发球,要以发球的路线、速度和落点为依据来确定,一般有正手接发球、反手接发球、挑高球、放短球等几种接发球方法。具体选择哪种方法比较好,要看对方发来的是什么球,注意随机应变,不要固定使用一种接发球方法。

接发球时,网球健身者应以个人习惯为准来选择握拍方法和站位。有效发球最大角度的分角线上或者略偏于反手位置是比较适宜的接发球站位,该站位与单打边线是相接近的。在选择具体的站位时,要以对手发球方式和力量大小为依据来对前后的位置进行确定。

在随挥环节,球拍的后摆距离要短一些,但切忌对击球后的跟进动作进行限制。球拍触球的时间应尽可能长,球离开球拍后,球拍随势跟进,充分进行随挥。

2. 接发球技术健身练习

(1)发球—接发与网前对抗

进行这一练习主要是为了促进健身者网前与底线对抗能力的提高与增强。练习过程中二区的健身者可交换位置(图7-25)。

(2)六人发、接网前练习

进行这一练习主要是为了促进发、接拦的控制能力的提高。

①发球者、接发球者和网前健身者各2名。

②发球者半场对角发球,接球者直线接球。

③网前健身者以直线回击来球(图7-26)。

第七章　网球运动健身的开展

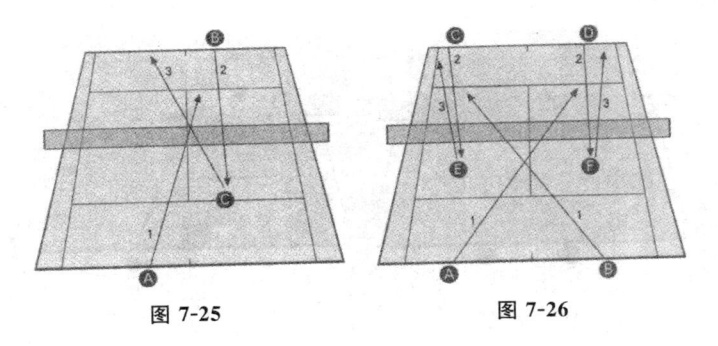

图 7-25　　　　　　　图 7-26

(五)截击球

1. 正手截击球

截击时站在网前 2～3 米的位置,准备姿势与一般击球基本相同,但球拍要举得高一些,约与眼部同高。截击时后摆动作要小,击球点保持在身体前方,拍触球瞬间手腕固定,用力握紧球拍,略加向前推击的动作。截击较近的球,左脚跨出一小步,截击较远的球要跨出一大步(图 7-27)。

图 7-27

2. 反手截击球

身体向左侧转,左手将球拍向后拉,拍头朝上。击球时固定好手腕,在左前方击球。截击低球时,膝部弯曲,身体重心下移,击球的中下部。击球后右臂伸展(图 7-28)。

图 7-28

在网前截击时,要站在距离球网比较近的位置,这主要是由于距离网较近的话,就具有较大的控制角度,这容易使对方陷入被动局面。但如果距离球网太近,就很容易出现球拍触网的现象,因此,一般来说,根据常人的身高和臂长,最好站在距离球网 2 米左右的位置,最远也应保持在 3 米之内,否则就成中场截击球了。

3. 截击球技术健身练习

(1)感觉练习

指导员在发球线处站好,向健身者轻抛球。

①健身者回击球,注意动作应较轻,要有一定的控制。

②把握好击球的速度,确保指导员可以成功接球(图 7-29)。

(2)递增练习

指导员刚开始抛送球时用手完成,然后与健身者的距离拉大,最后推到底线送球,底线送球用球拍完成,这样截击难度就增加了(图 7-30)。

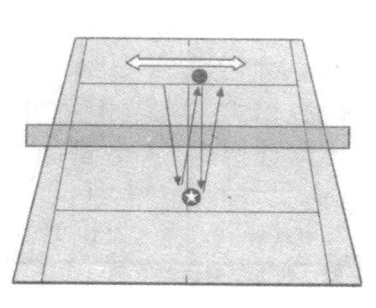

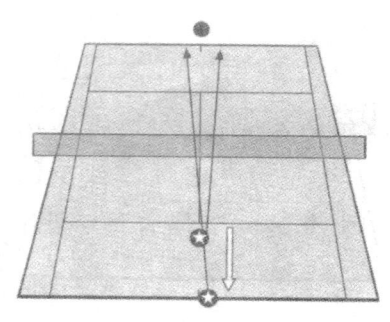

图 7-29　　　　　图 7-30

（3）出现失误练习

这主要是为了避免截击球出现失误而进行的练习。

①指导员站在底线处向健身者送球，健身者朝指导员截击球。

②指导员再回球，反复练习直至有失误出现（图7-31）。

（4）两组同步练习

指导员同步给A、B送球，给后者送正拍，前者送反拍，A、B截击斜线球，4球后交叉交换继续练习（图7-32）。

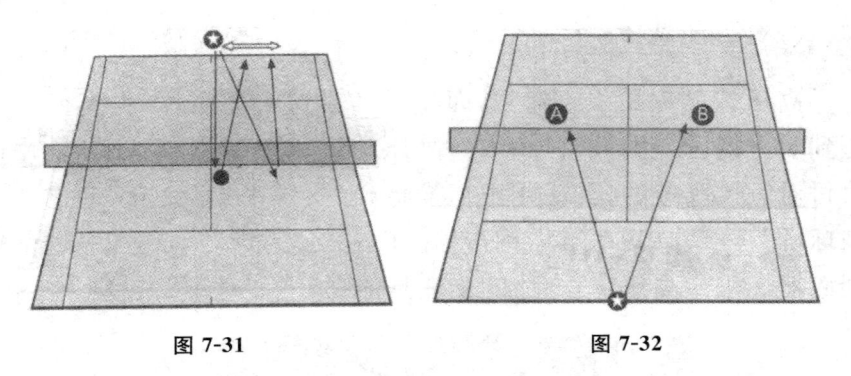

图7-31　　　　　　　图7-32

（5）两球斜角练习

这一练习主要是提高击球上网的连贯性。

①指导员先向健身者送一个中场短球，健身者正拍以斜线回击。

②指导员再向健身者送一正手网前球，健身者迅速向来球方向移动，正拍以直线截击来球（图7-33）。

（6）斜线短球练习

健身者在发球线处正、反手对斜线短球进行截击，注意对移动步伐的调整（图7-34）。

图 7-33　　　　　　　　　图 7-34

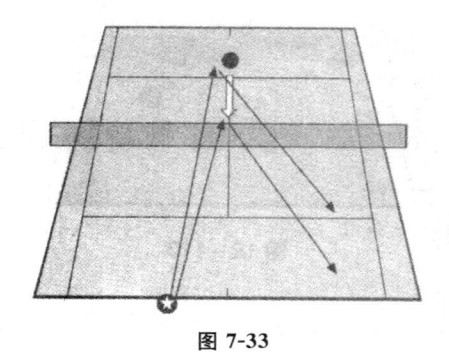

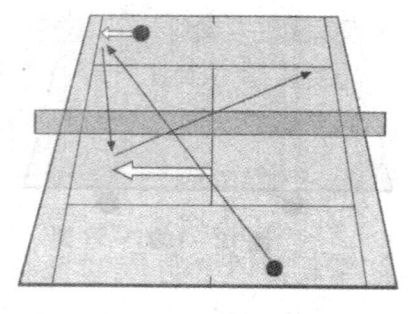

(六)高压球

高压球又称扣杀或猛扣,即将对方挑过来的高球,自上而下扣压到对方场区。同截击球一样,高压球属于上网击球技术,是用以对付对方挑高球的,其动作类似发球,在头部上空用扣杀动作还击来球(图 7-35)。高压球堪称击球中的一门"重炮",是迅速制胜的锐利武器。采用高压球,合适的步法是前提,击球时不要迟疑。

图 7-35

（七）挑高球

挑高球用于进攻和防守。进攻性挑高球采用突然袭击方式，将球挑到使对方难以到位救球，从而得分。防守挑高球的弧线很高，常从这边端线放到另一边端线附近。

1.进攻性挑高球

进攻性挑高球采用西方式握拍法，击球前拍头低于来球，击球时抖动手腕，产生很大的摩擦力，使球剧烈向前旋转（图7-36）。

图 7-36

2.防守性挑高球

防守性挑高球的基本技术同正反手击球相似，只是拍面上仰，击球的后下部，并带有向上送球的动作。实际比赛中，可根据具体情况打出上旋球、下旋球和不旋转的高球（图7-37）。

正手切削挑高球

反手切削挑高球

图 7-37

(八)放小球

放小球是网球比赛中突袭制胜的一种手段。放小球时,要求多用手腕动作,带有削击。正反手都可以放小球。放小球时,用轻微的切削动作使球下旋并减速,球轻轻地过网,在对方前区落下后跳得很低。动作要尽可能隐蔽得使对方无法判断。击球时,球拍面要有一定的上仰,上身采用前倾的姿势,向下削击球的后下部,挥拍路线是向下的弧线,球拍面触击到球的下侧即减速,用球拍把球向目标送出,击球后没有随挥动作(图 7-38)。

正手放小球

反手放小球

图 7-38

(九)反弹球

反弹球是一种难打而微妙的击球技术,是指运动员在球刚弹起来时立即击球的方法。这种球的击法,是在对方来球从场地刚刚跳起还未跳至最高点之前,立即用小臂带一点手腕动作,把球反弹到对方场区。运动员在上网或被动来不及后退击球,又来不及上前截击的情况下,多半使用这种击法(图 7-39)。

正手反弹球

反手单手反弹球

反手双手反弹球

图 7-39

打反弹球时,需要把注意力更多地集中在击球的时机上,要专心地用眼睛盯住球。当来球的反弹上升力很大,则利用小臂带动手腕动作借力推挡过网,球拍的后摆和前挥动作要短小。

第二节 网球运动基本战术

一、网球战术概述

(一)网球战术的概念

在网球比赛中,运动员为战胜对手或为达到期望的比赛结果而采取的所有计谋和行动总称为网球战术。网球战术有狭义和

广义之分,具体阐释如下:

1. 狭义的网球战术

从狭义层面来看,在网球比赛中,运动员以对方的打法类型及技术特点为依据而采用的各种技术的原则和方法就是所谓的网球战术。

2. 广义的网球战术

从广义的视角来看,运动员在网球比赛中有针对性地综合运用技术、意志、智能和素质等的过程就是所谓的网球战术。

(二)网球战术的基本原则

1. 知己知彼,目标明确

在网球比赛中运用战术,就意味着对一套现实可行的比赛方案进行设计。设计方案时,要先学会正确全面地分析与评价自己和对手。运用战术能够使运动员取得明显的进步,运动员在运用战术的过程中也能够体会到一定的乐趣。在比赛开始前,运动员不仅要了解自己所掌握的技术情况,还要对对手整体作战的情况进行了解与分析,客观地对对手的基本打法类型、技战术特点、特长技术、体能与心理素质等有充分的认知,然后在此基础上对切实可行且适合自己的战术方案进行制定。

2. 灵活机动,随机应变

运动员在网球比赛中运用网球战术的一个关键原则就是机动灵活、随机应变。在比赛前,网球运动员很有必要以自己的特点为依据来对几套进攻、防守战术的打法进行设计,并熟练掌握这些打法。在比赛过程中如果打得很吃力,就可以根据赛场情况来灵活运用自己预先设计好的战术,力争克敌致胜。

当对手适应了自己的战术时,运动员应及时调整战术,用变线、深浅的结合，打空当来调动对方，使其在场上的不同方向来回奔跑，耗尽其体力与意志力。例如，如果要打乱对方的步法，可以打身后球；如果要增大对方击球难度，则用组合击球来拉开空当；在交换发球场地时，深入分析当前的比赛情况，然后考虑如何对战术进行调整。总之，运动员要善于以赛场上的不同变化为依据来随机应变，这样才能克敌致胜，取得好成绩。

3. 勤于观察，扬长避短

每个网球运动员都有自己的优势与不足，都有自己的打法和风格，优秀网球运动员的打法风格更是比较突出。在网球比赛中，运动员首先应将自己的特长充分发挥出来，运用自己擅长的技、战术来与对方展开对抗，并仔细观察对方暴露出来的弱点与缺陷。有的对手对高而深的球处理不好，这时就应该专打高而深的球，有的对手正手或反手击球时总有一侧手是不灵活的，这时应采用正手、反手再正手的顺序来与对方展开对抗，如果对方没有出现失误，可采用反手、正手再正手的顺序来进行攻击，这样对手总能露出破绽，出现失误；有的对手擅长底线技术，因此要想方设法阻止其留在底线等。

总之，网球运动员要善于发挥自己的长处，避免自己的短处，善于分析对方的长处，抓住对方的不足，用自己的长处来攻打对方的短处，使对方出现失误，这时就很容易将比赛的主动权握在手里了。

二、网球单打战术健身指导

网球单打战术主要有发球战术、接发球战术、网前战术及底线战术，下面主要就前三种战术方法进行分析。

（一）发球战术指导

1. 发平击球

在身体的右前方选择抛球点和击球点，双脚用力蹬地，充分伸展身体,将手腕力量充分运用起来进行击球,击球动作一般在最高点完成。

(1)平分发球区(右区)发平击球

以右手持拍为例,在靠近中心的位置站立,瞄准中心线。从这个位置上发球能够缩短球的飞行距离,并能够使球从球网最低处通过,这样发球的成功率就大大提高了。

(2)占先发球区(左区)发平击球

以右手持拍为例,选择在中心线附近站立,瞄准中心线。发球时,尽可能使球从网的最低处通过,此时虽然是将球发到了对方的正手一侧,但对方很难打出角度球,这对自己的防守是有利的。

2. 发旋转球

战术要领:抛球的位置与发平击球相比而言,稍靠左一些,击球点也应选择在稍靠左的位置。此时在稍低的位置上触球,按照从左下向右上的轨迹击球,这样容易打出旋转球。

(1)平分发球区(右区)发旋转球

以右手持拍为例,在靠近中心线的位置站立,眼睛注视对方的中心线。发旋转球后,球落在对方场地弹起并飞向后右侧方向,而对于接球队员而言,球已飞到其反手方向,这样其就很难顺利接球。

(2)占先发球区(左区)发旋转球

以右手持拍为例,站位与中心线距离一步之远,瞄准边线。打出旋转球,球在对方场地落地后弹起时飞向对手后侧,而且因为发球有角度,所以对方不得不跑到场外去接球,这就给对方接球增加了难度,也为自己做下一次接球准备争取了充分的时间。

(二)接发球战术指导

1. 接平击球

如果对方发来的是高速度的平击球,底线稍后、中线与边线之间正中的位置是接球队员比较适宜的站位。这种站位有利于充分应付正手来球和反手来球。接平击球战术的训练方法如下：

(1)如果对方发来的球没有横向变化，且速度很快，接球队员可站在稍靠后的位置来接球。在接球时，首先要想方设法把对方逼至底线处，而且不要着急打快速且有力量的球，此时打深球比打速度球更合适。

(2)如果对方擅长底线型打法，当对方击来速度很快的球时，挥拍动作不必很大，注意及时调整拍面，使其与来球相对，利用发球的速度来接球并回击，有些时候不挥拍也是可以的，但要注意使拍面对准来球。因为接球方没有充分的时间来对回击到对方哪个区域的问题进行考虑，所以最好尽可能将球打得深一些。

2. 接旋转球

对于接球方而言，对方发旋转球，球在本方落地后会向左侧又高又远的方向弹起，此时应移动到靠前的位置来接球，注意在球弹起前调整站位，用反手来接球。网球健身者可通过以下方法来锻炼自己的接旋转球战术：

(1)在平分时可站在稍靠中间的位置；当占先时，可站在靠近边线的位置。此外，如果自己的接发球技术水平比较高，可站在底线快速击打向高处弹起的球。

(2)如果对方发来又高又远的旋转球，此时就很难回击，所以接球队员要尽量向前踏步，尽可能在球没弹高前击球。如果没有做到这点，也可以在球下落时击球。对方既然可以发旋转球，那么其就很可能会上网，所以接发球员要注意向对方脚下回击球，打破其上网截击的计划。

(3)如果发球方擅长底线型打法，那么最好在球弹起之前接球，尤其是在对方发来的旋转球又高又远时更应如此，如果做不到这点，对方就很有可能成功反击。

(三)网前战术指导

在网球运动中，有很多运动员都喜欢采用上网打法，喜欢主

第七章　网球运动健身的开展

动上网击球,这主要是为了在对抗中获得主动权。因此,有很多网球爱好者在网球健身过程中也尝试着采用上网打法,这对于提高网球锻炼效果具有积极的影响。网前截击、发球上网、接发球上网、随球上网等都是常见的网前战术,下面主要就发球上网战术、接发球上网战术展开具体的分析。

1.发球上网战术

(1)右区发上旋球上网

在右区进行第一发球时,主要发平击球或强力的上旋球,将对方的右区的内角作为目标方向,发球后立即上网,向发球线中线移动,对来球进行判断,向对方底线正、反手深区截击球,在截击后与球网相靠近,为下一次的近网截击做准备(图7-40)。

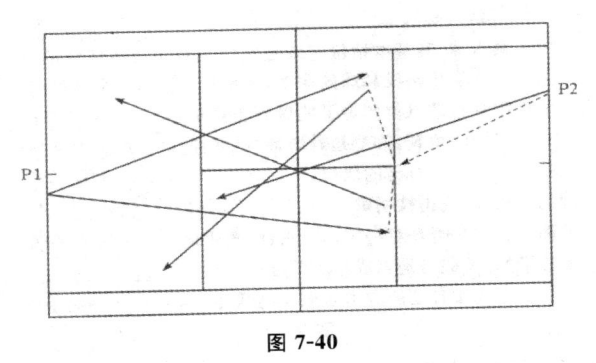

图 7-40

(2)右区发侧旋球上网

右区发球用第一发球的力量,发切削的侧旋球,将对方发球区右区外角作为目标方向,发球后及时上网,向发球中线偏左的方向移动,目的是将对手的正手直线球封住,并向对方反手空当区域截击来球(图7-41)。

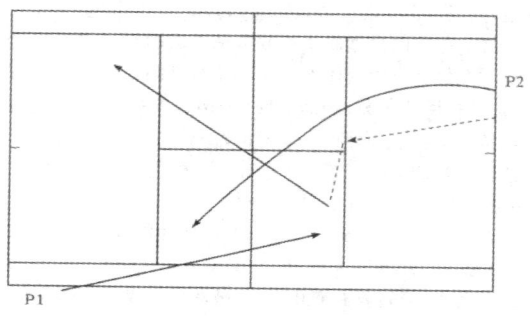

图 7-41

(3) 左区发上旋球上网

左区发球用第一发球力量发上旋球,将对方发球区左区外角作为目标方向,发球后及时上网,向发球线偏右的方向移动,目的是将对方的反手直线球封住,向对方正手区域截击球(图 7-42)。

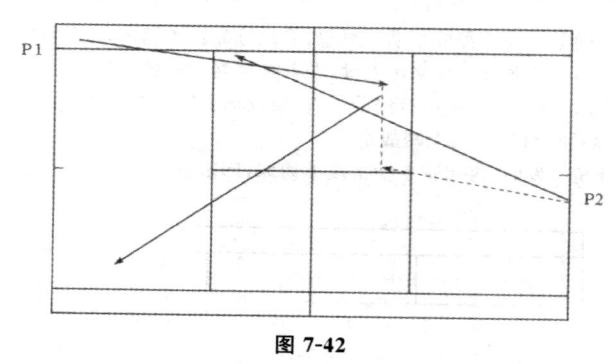

图 7-42

(4) 左区发侧旋球上网

左区采用平击发球或切削的侧旋发球,将对方的左区内角作为目标方向,发球后及时上网并移动到中场处,对来球进行判断,向对方正、反手底线深区截击来球,然后随球跟进,为近网截击下一球做准备(图 7-43)。

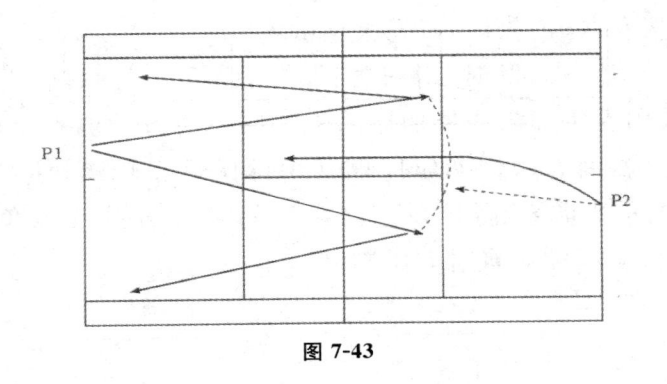

图 7-43

2.接发球上网战术

(1)接右区(平分区)二发上网战术

接右区外角二发时,可采用正手抽击或推切球的方法,回击后迅速直线上网,如图 7-44 所示。

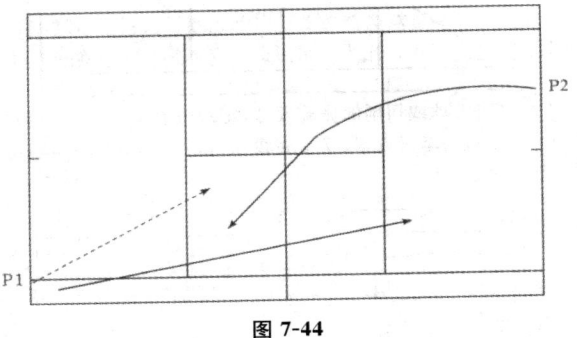

图 7-44

当对手把右区二发球发到内角时,采用反拍抽击或推切回击直线球的方法来接球,打对方的反手上网(图 7-45)。

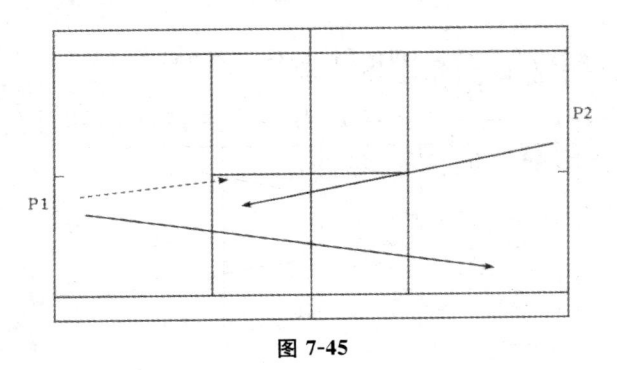

图 7-45

(2)接左区(占先区)二发上网战术

接左区外角二发时,对对方的技术情况进行判断,并以此为依据来采用反手抽击或推切球的方法回击对方的弱点上网,最好打直线上网,因为这样不仅能够缩短球的飞行距离,使对方没有充分的时间做准备,而且在上网后容易将对方的回球角度封住(图7-46),从而成功将对方压制。

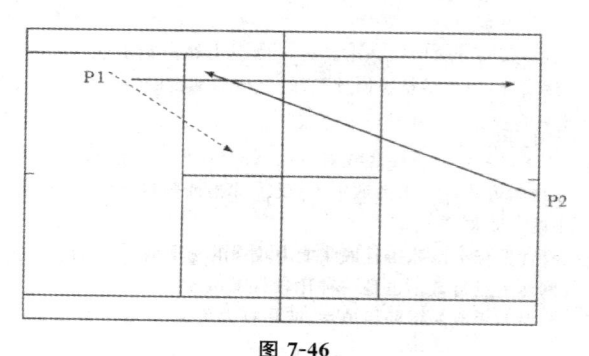

图 7-46

接左区外角二发时,如果对方二发的质量较低,可以提前采取侧身攻的方法来回击对方(图7-47)。

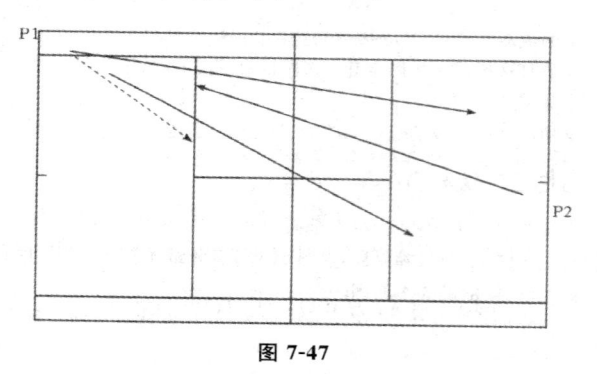

图 7-47

(3)接对手左区内角二发战术

接对手左区内角二发时,采用正手抽击或推切球的方式是比较合适的,注意尽可能打深球(图7-48)。

图 7-48

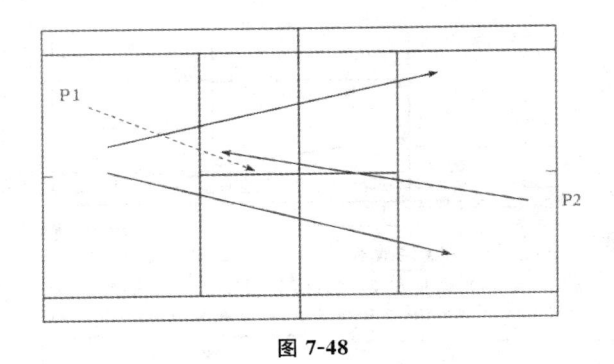

（4）用削球接发球后上网战术

用削球的方式来接发球，击球后迅速上网，对方回击后，反手打落点较深的前进直线球，调动对方后，上网抢攻，然后朝另一侧空当处截击对方的回球。在采用这一战术时，要尽量将回球打深，并在截击时选好站位。

三、网球双打战术健身指导

（一）发球局战术

1. 站位

（1）常规站位

①右区发球的站位

从图 7-49 来看，底线右侧中点与双打边线的中间或略向右偏二三十厘米的位置对于发球员 Ⓐ 而言是比较适宜的站位，对于其同伴 B 而言，网前左区，左侧双打边线和发球区中线之间或稍靠左且距离球网 2～3 米的位置是比较适宜的站位。

②左区发球的站位

从图 7-50 来看，左区双打边线与中点之间稍微靠左的位置对于发球员 Ⓐ 而言是比较适宜的站位。对于其同伴而言，网前右区、中线与右侧双打边线之间、距网 2～3 米的位置是比较适宜的站位。

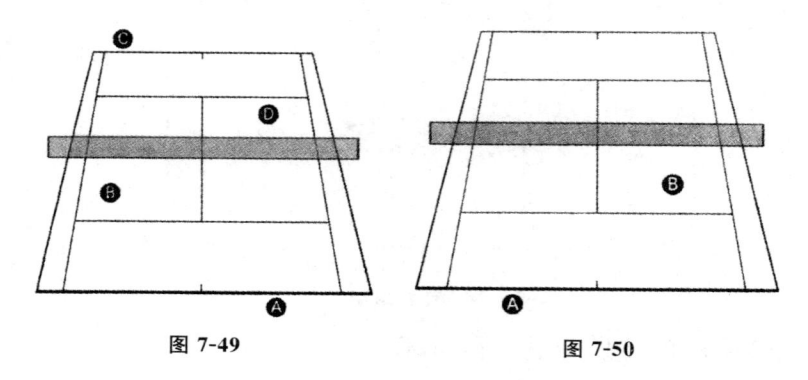

图 7-49　　　　　　图 7-50

(2)非常规站位

①右区发球的站位

在右区发球时,如果接球员 ❻ 总是以小斜线球回击(图 7-51),那么同侧站位对于发球方 ❹、❽ 而言是比较可取的站位战术(图 7-52)。

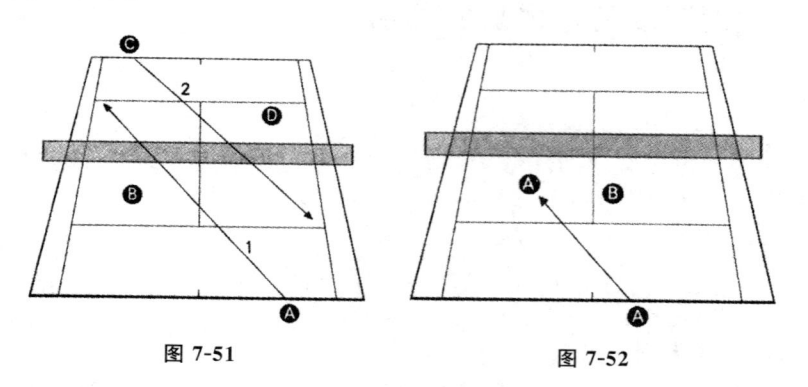

图 7-51　　　　　　图 7-52

②左区发球的站位

在左区发球时,如果接发球员 ❻ 总是以小斜线球回击(图 7-53),那么发球方 ❹、❽ 需采取左区的同侧站位战术(图 7-54)。

第七章　网球运动健身的开展

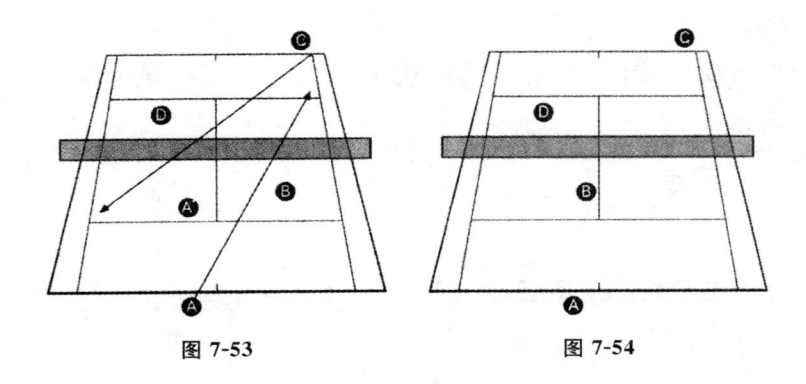

图 7-53　　　　　　　　图 7-54

2.抢网战术

(1)一般抢网

在对来球方向进行判断后,迅速移向球网中央的吊带附近,将来球打回后保持原站位(图 7-55)。

(2)全换位抢网

在抢网后,网前队员与发球员快速交叉变换位置。左区队员移步到右区,右区队员换至左区(图 7-56)。

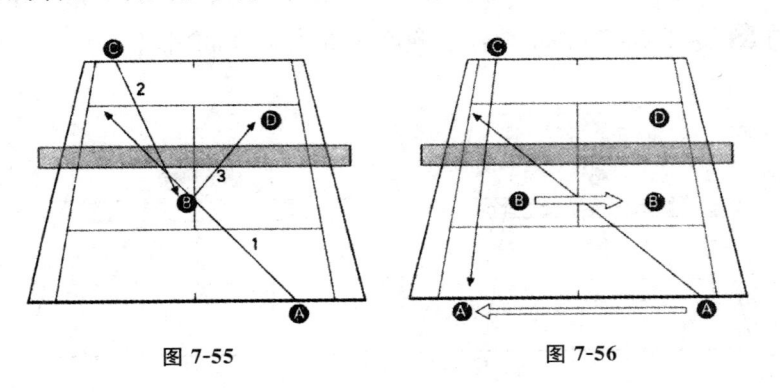

图 7-55　　　　　　　　图 7-56

3.前后站位战术

(1)右区发球前后站位

右区发球时,发球方❹、❺及接发球方❻、❼的站位如图 7-57 所示。

(2)左区发球前后站位

当左区发球时,发球方❹、❻及接发球方❻、❻的站位如图7-58所示。

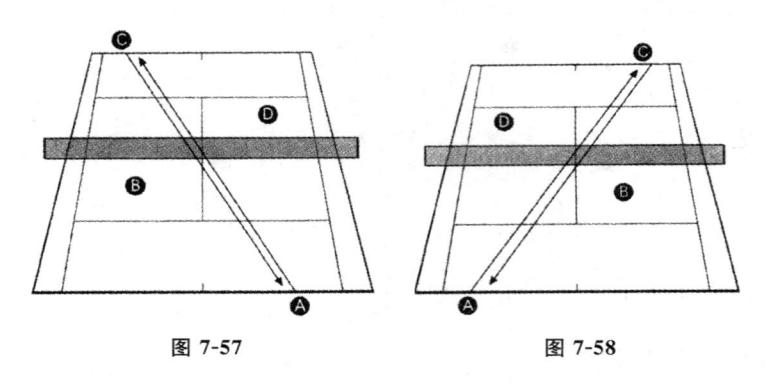

图 7-57　　　　　图 7-58

(3)右区发球前后站位变式

右区发球前后站位变式如图 7-59 所示,在新的对阵形式下,❹与❻展开直线抽击对抗,❻与❻在一侧隔网相对,伺机抢网。

(4)左区发球前后站位变式

左区发球前后站位变式如图 7-60 所示,在新的对阵形式下,❹与❻展开直接对抽,❻与❻在网前寻找机会抢网。

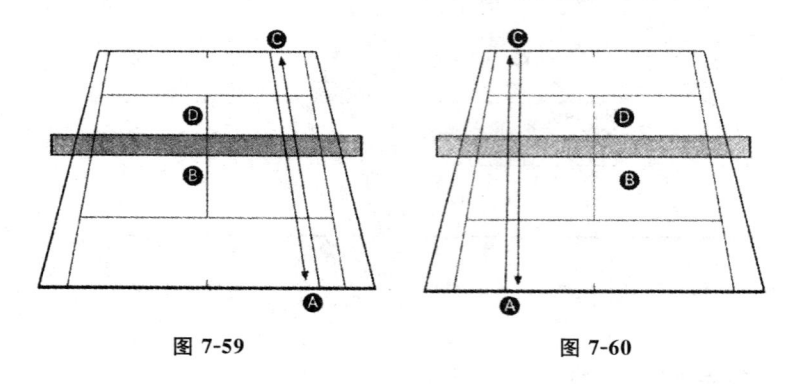

图 7-59　　　　　图 7-60

(二)接发球局战术

1. 站位

(1)左右站位

一般来说,在网球双打对抗中,对方可能发到的外角与内角

第七章　网球运动健身的开展

落点连线的角分线上是接发球员比较适宜的站位(图 7-61)。如果发球方发的是大角度的侧旋球,接发球员就需要往外站一些,做好回击的准备。

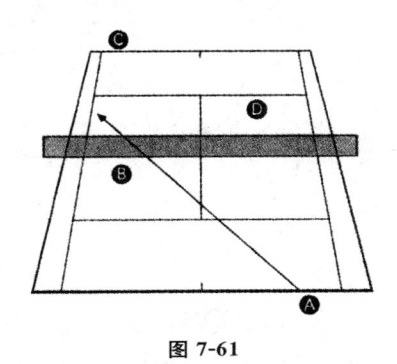

图 7-61

(2)前后站位

第一,接第一发球时,接发球员应站在稍往后的位置,但不要太靠后,接第二发球时,接发球员应站在稍向前的位置,这样的站位更有利。

第二,如果对方发的是强有力的球,球的速度很快,接发球员应适当往后站一些,以便及时判断来求,并作出相应的反应和及时的后摆动作。

第三,如果对方发的球没有很强的攻击力,接发球员应稍向前站一些,以便于抢先进攻。

第四,如果发球员发的是强有力的旋转球,接发球员则不可站得太靠后。

2.配合

(1)双底线的站位

如图 7-62 所示,接发球员 C 在接球时,同伴 D 在另一侧做好准备。

在发球方采用同侧站位的方略,接发球员难以适应时,同伴先退下来,对接发球员进行鼓励,使其能够大胆还击(图 7-63)。

图 7-62　　　　　　　　　图 7-63

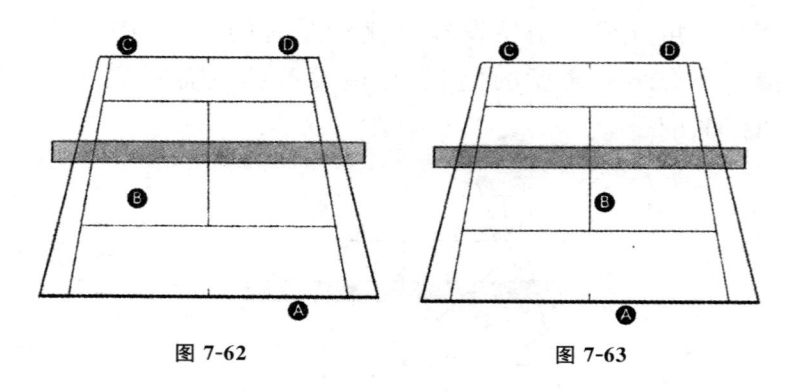

(2) 一后一前的站位

如图 7-64 所示,接发球员 C 站在底线附近接发球员发来的球,同伴 D 站在另一侧发球线的附近做好抢网准备,这种站位比较灵活,容易给发球方造成威胁与压力。

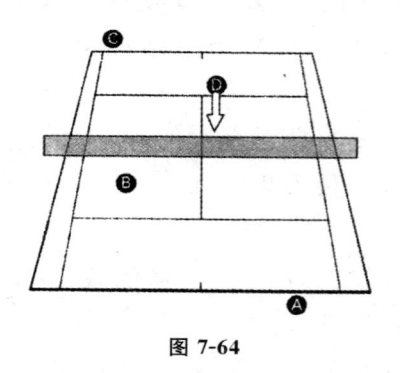

图 7-64

3. 试探性战术

(1) 接发球员站位

起初,接发球员按照个人习惯选择常规站位就可以了,之后可根据需要对站位进行调整。

(2) 同伴站位

接发球员同伴的站位有以下三种情况:

第一,接第一发球和第二发球时都站在发球线 D 处(图 7-65)。

第二,接第一和第二发球都站在底线的 D 处。

第三,接第一发球和第二发球时分别站在底线的❶后和发球线的❶处。

(3)接发球员的回击方法

①回击落点

右区接发球员的回击落点如图 7-66 所示。

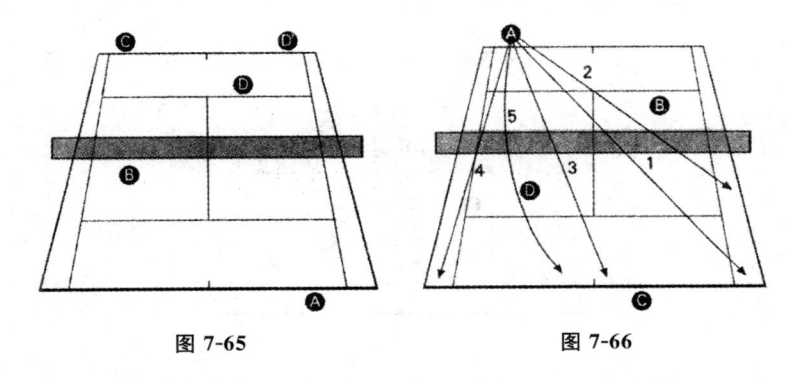

图 7-65

图 7-66

②接发球的打法

第一,从球的旋转上来看,有平击和旋转球等。

第二,从回击力量上来看,有轻击、中等力量回击、大力度回击等。

4.对发球方采用双上网战术的接发球局对策

(1)反抢战术(以右区为例)

①接发球局的站位

反抢战术中,接发球方的站位如图 7-67 所示。

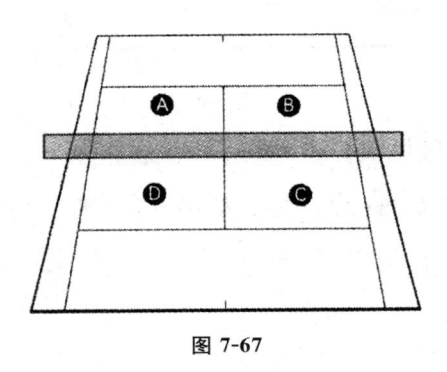

图 7-67

②反抢时机

如果接发球员Ⓐ成功将球回击后,球落在发球后上网的Ⓒ脚下,Ⓒ就不得不通过下蹲来进行还击,这时,Ⓑ迅速上网将回击的来球路线封堵住,并果断截击球,将球击向对方的空当或Ⓓ的脚下。Ⓐ同时向左补位,在网前将场区封住(图7-68)。

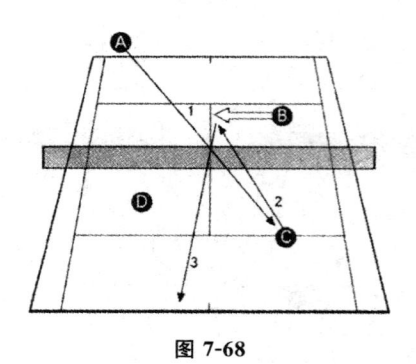

图 7-68

左区的接发球反抢战术与右区相同,方向相反。

(2)双底线战术

①接发球局的站位

双底线战术中,接发球方的站位如图 7-69 所示。

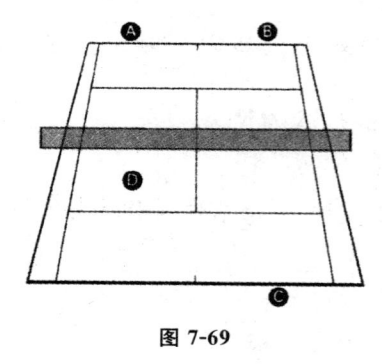

图 7-69

②接发球与破网要求

第一,接发球员Ⓐ应注意,要尽量将球击到Ⓒ的一侧,避开Ⓓ抢网,并做好上网截击的准备,与同伴Ⓑ相配合进行破网反击。

第二,接发球方的两人应做好密切的配合,牢牢守住场地,并力争击球过网。

5.对发球方采用单上网战术的接发球局对策

接发球员🅐接发球时尽量将球回击到深区后,避开🅓的抢网,且在回击球后立即上网到 A_1（黑圈）的位置,与此同时,同伴 B 也移至 B_1（黑圈）的位置,这样的站位更有利于进行网前进攻,🅓不得不退到底线进行防守,这时接发球方占据优势。即使🅐接发球后没能及时上网,也可以在避开🅓抢网的基础上与🅒展开对角线对攻,并在对攻中寻找机会上网。在🅐与🅒的对攻中,🅑逼至近网与🅓处于对等的位置(图 7-70)。

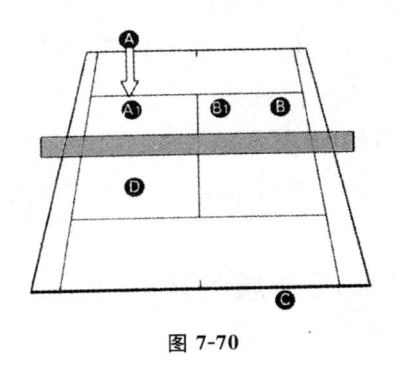

图 7-70

第三节　网球运动所应具备的心理素质及其培养

一、网球运动中重要的心理素质

(一)注意力

一般来说,一场网球比赛的时间有时 40 分钟左右就结束了,有时甚至 5 个小时还没有决出胜负,受各种不确定因素的影响,网球比赛拖至 10 个小时以上也是有可能的,这在赛前都无法进

225

行准确的判断。在如此长的时间里比赛,必然要求运动员具有高度的注意力,这对运动员而言是至关重要的一个心理素质。可以说,注意力的集中度对比赛成绩有直接的影响。

注意力直接影响敏锐性,在一场网球比赛中,运动员需要作出的决策多达1 000次左右,而且运动员每做一次决策不能超过1秒钟的时间。运动员是否具有高度的敏锐性,是否可以集中注意力对场上的形式与对手的情况进行感知,直接决定了其能否在瞬间作出正确的决策。

(二)情绪控制能力

网球运动员在球场上很容易受突发事件、观众、对手等因素的影响,一旦受到影响,其情绪就难以保持稳定状态。有些因素会使其情绪高涨,保持兴奋状态,激发自身的潜力,但有些因素会使其情绪低落,从而使其正常水平难以发挥。可见,运动员要学会控制自己的情绪,这样才能稳定发挥自己的能力。

二、网球运动心理素质的培养途径

(一)注意力训练

(1)有些运动员很容易被自我感知、自身状态所干扰。针对这类运动员,教练员要及时干预,主要从其爱好、个性和成长环境入手来对其进行干预,从而对其斗志进行激发,对其自信心与注意力进行培养。

(2)有些运动员在比赛中容易被观众或者场外其他人员的情绪所干扰。针对这类运动员,应为其安排复杂的训练环境,使其在面对复杂的环境时能够及时调整自己的心理。

(3)有些运动员很容易被对手的情绪和水平所影响。对于这类运动员,教练员应在日常训练中给其安排不同类型的对手,从而对其斗志、注意力进行培养。

（二）自我控制能力训练

教练员需加强与运动员的沟通与交流，并注意对运动员的兴奋点、易于失控的弱点等进行观察，从而以这些信息为依据来对适合运动员的训练方法进行设计。运动员也需要根据自己的情况来对一些适合自己的语言、心理等暗示方法进行设计，从而能够在比赛中稳定自己的情绪。

第八章　网球运动规则及网球运动新形式

网球运动规则是运动者从事网球运动应遵循的基本活动规则，是运动者参与网球运动必须要了解的知识内容。随着网球运动的不断发展，多种形式的网球运动被发明出来，极大地丰富了网球运动体系和网球运动爱好者的运动生活，了解这些网球运动新形式也是网球运动者应该掌握的知识内容。本章主要就网球运动规则及网球运动新形式进行详细阐述，以更好地丰富网球运动者的知识体系与指导其开展实践。

第一节　网球运动的基本规则

网球运动规则是网球运动开展的"法则"，由国际网球联合会制定，在网球运动的发展过程中有利地促进了网球运动的开展与发展，网球运动规则随着网球运动的发展会做出及时的修订与修改。网球运动规则内容条款较多，这里结合2016年国际网球联合会修订的《网球竞赛规则》并参考中国网球运动协会的翻译进行整理，对网球运动的几项基本规则内容进行详细阐释。

一、场地与器材

（一）场地

网球场地为长方形，长度为23.77米（78英尺），单打比赛的

第八章　网球运动规则及网球运动新形式

场地宽度为 8.23 米（27 英尺），双打比赛场地的宽度为 10.97 米（36 英尺），如图 8-1 所示。

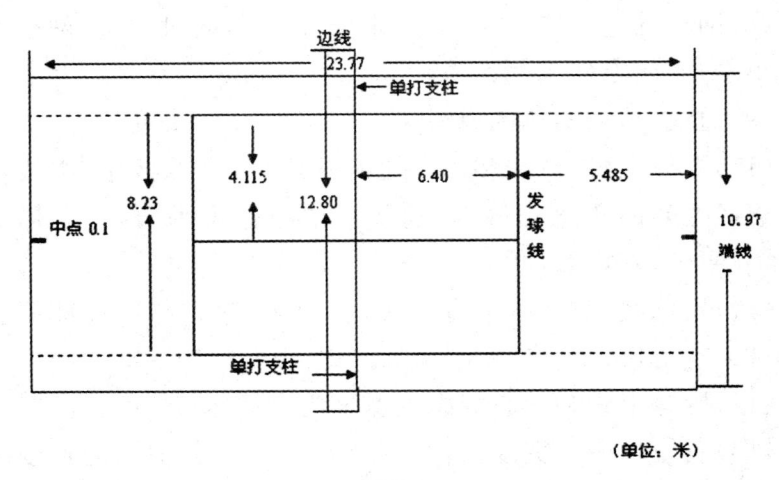

图 8-1

标准的网球运动场地各数据标准设置具体如下：

(1)网球场地中,有一条挂在绳索或钢丝绳上的球网从中间处分开,绳附着或挂在两根网柱上,网柱高 1.07 米(3.5 英尺)。

(2)球网应填满网柱间的空间,球网中心的高度固定为 0.914 米(3 英尺)。

(3)网球比赛的网的网绳或钢丝绳及球网上端应用网带包裹,颜色方面,中心带和网带均为白色。

(4)中心带最大宽度为 5 厘米(2 英寸)。

(5)球网每一边垂直向下距离是固定的,而网带的宽度应符合规定范围:5~6.35 厘米(2~2.5 英寸)。

①单打比赛中,使用单打球网,应保持两边网柱与中心场地外沿的距离为 0.914 米(3 英尺);而在使用双打球网时,边柱与中心场地外沿距离 0.914 米(3 英尺)。

②双打比赛中,位于两边的网柱的中心与场地外沿,二者之间的固定距离为 0.914 米(3 英尺)。

(6)单打比赛中,网球支柱的边长应小于 7.5 厘米(3 英寸),同时规定,支柱直径应小于 7.5 厘米(3 英寸)。

(7)网柱和单打支柱有最高限制高度,要求它们的上端至网顶端,均应小于 2.5 厘米(1 英寸)。

(8)网柱的边长应小于 15 厘米(6 英寸),同时规定,网柱的直径应小于 15 厘米(6 英寸)。

(9)边线:球场两侧的界线。

(10)发球区:发球线和球网之间的区域,发球区中,中线与两边的边线之间的距离相等,各底线被中心标志平分,中心标志长度为 10 厘米(4 英寸)的线。

(11)发球线:与球网平行的线,有两条,它们与边线球网相距 6.40 米(21 英尺)。

(12)发球中线和中心标志的宽度为 5 厘米(2 英寸)。

(13)底线的最大宽度为 10 厘米(4 英寸),其他线的宽度范围应为 2.5~5 厘米(1~2 英寸)。

网球场地上所有的线,在测量时以线外沿为准,所有线的颜色应一致,并与场地颜色不同。

(二)永久固定物

场地上的永久固定物,包括诸多内容,如后挡网、侧挡网、裁判员、司线员、球童、观众、座位、看台,以及场地周围和上方的固定物。

网球比赛规定,在双打场地举行单打比赛时,网柱、单打支柱以外的球网为永久固定物。

(三)球

在正式的网球运动比赛中,任何用球都必须是由国际网联颁布的已经被列入官方名单上的批准用球。

比赛用球的表面是统一的纺织材料包裹的,颜色应当是白色或黄色。如果有接缝,不应当有缝线。

关于网球运动正式比赛用球,赛事组织者必须在赛前公布以下两个关于比赛用球的规则内容:

第八章　网球运动规则及网球运动新形式

(1)比赛中用球的数量(2个、3个、4个或6个);
(2)换球的方案。

　　正式的网球运动比赛中,比赛规则指定的网球用球类型有较多选择,但无论何种类型的球,都应符合表8-1所列要求。

表8-1　网球比赛用球要求[①]

		快速球	中速球	慢速球	高海拔用球
重量	盎司	1.975~2.095	1.975~2.09	1.975~2.09	1.975~2.0
	克	56.0~59.4	56.0~59.4	56.0~59.4	56.0~59.4
直径尺寸	英寸	2.575~2.700	2.575~2.70	2.570~2.875	2.575~2.700
	厘米	6.541~6.858	6.541~6.85	6.985~7.303	6.541~6.858
弹性	英寸	53~58	53~58	53~58	48~53
	厘米	135~147	135~147	135~147	122~135
向内变形	英寸	0.195~0.235	0.220~0.290	0.220~0.290	0.220~0.290
	厘米	0.495~0.597	0.559~0.737	0.559~0.737	0.559~0.737
反弹变形	英寸	0.265~0.360	0.315~0.425	0.315~0.425	0.315~0.425
	厘米	0.673~0.914	0.800~1.080	0.800~1.080	0.800~1.0

(四)球拍

　　网球运动的球拍大体包括拍头、拍杆、拍柄三个部分,各部分还可以进行细分(图8-2)。

　　关于网球拍的各部分结构构成,网球运动规则具有以下具体规定:

　　(1)击球面:拍弦组成的式样的主要部分,由球拍框上的各种线(弦)交叉构成的一个平面。拍面的密度应保持均衡、一致,中央区域密度不得小于其他区域。

　　(2)球拍框:包括拍柄余弦线,不能有任何可能从实质上改变球拍形状、重力分布及其他物理性质的装置;不能装进或附着任

[①] 中国网球协会.网球竞赛规则2015[M].北京:人民体育出版社,2016.

何能源装置；不能有任何可听或可视装置。

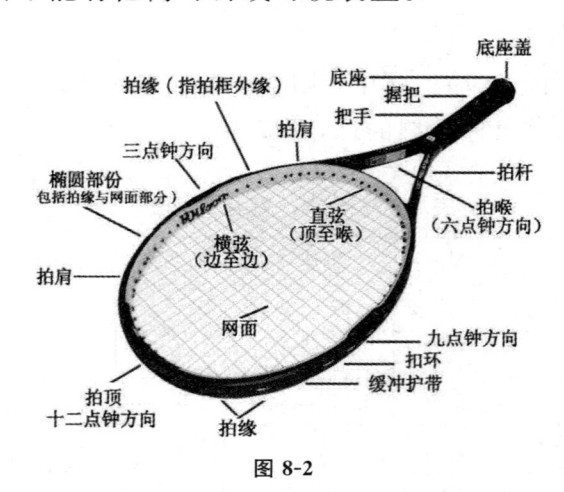

图 8-2

（3）关于球拍的规格参数，具体如下：

①球拍的总长度（包括拍柄）不能超过 73.7 厘米（29 英寸）。

②球拍的总宽度不能超过 31.7 厘米（12.5 英寸）。

③球拍的击球平面的总长度不能超过 39.4 厘米（15.5 英寸）。

④球拍的击球平面的总宽度不能超过 29.2 厘米（11.5 英寸）。

球拍的尺寸必须合理，球拍框上不应该有附属物和装置，可以有用来限制和防止震动、弦线磨损、撕拉而对拍柄进行的少量布条缠绕。

二、发球员、接发球员

网球比赛中，运动员/队隔网站立。

发球员：比赛中发出第一分球的选手。

接发球员：回击第一分发球的选手。

第八章　网球运动规则及网球运动新形式

三、发球、接发球

(一)发球前的规定

网球运动比赛规则对发球员的位置和行为有如下规定：
(1)比赛中,发球员的站位在固定区域,该区域由端线(后)、中点、边线的延长线构成。
(2)发球员抛球后,应在球接触地面以前击球。
(3)发球员应用球拍击球。
(4)发球员的球拍与球接触,即视为发球。

(二)发球时的规定

网球比赛发球的整个过程中,发球员不得通过行走或跑动改变原有站位,比赛规则规定发球员的两脚只准站在规定位置。

(三)发球员的位置

(1)比赛中,一局开始,发球员应从右区端线后发球,下一分球换至左区。
(2)比赛中,发球员的发球应过网,球的落点应在对方前场的方块区及线上。

(四)发球、接发球次序

1.发球次序

网球运动单打比赛中,常规局之后,本局的发球员在下一局则应为接发球员,本局的发球员在下一局则应为接发球员。
网球运动双打比赛中,每一盘第一局开始后,由先发球的队决定谁先发球。同时规定,第二局开始后,第一局中接发球的队确定发球者。之后的第三局开始后,由第一局先发球者的同伴发球,在第四局,则由第二局先发球者的同伴发球。按照此顺序交替发球,直到本盘比赛结束。

2.双打的接发球次序

第一局,接发球队决定由谁先接球。

第二局,先接发球的队的对手决定第一分发球者。先接第一分发球者的同伴接本局的第二分发球,此后,按照此顺序交替发球,直到该局(盘)比赛结束。

接球员接发球后,其和同伴均可接发下次来球。

(五)发球、接发球时间

(1)发球员的发球必须在接发球员做好准备之后。一般来说,当接发球员试图回击发球时,则被认为他已做好准备。

(2)发球员准备发球时,接发球员应在合理的时间内做好接发球的准备。

(3)比赛过程中,如果接发球员确实未做好接发球的准备,该次发球也不能被判为失误。

(六)发球失误、无效

1.发球失误

发球失误,具体是指发球员在发球过程中未击中球。
发球员出现以下情况,视为发球失误:
(1)未击中球。
(2)违反发球规则、程序,或出现脚误。
(3)球触地前碰到了永久固定物、支柱或网柱。
(4)球触到本队运动员身体或穿戴物品。
网球比赛中,发球员在一次发球失误后可进行第二次发球。

2.发球无效

发球无效应重发球,具体是指比赛中,发球运动员发球触网,但接球员并无做好接球准备。

(七)脚误

发球过程中运动员出现以下动作视为脚误：
(1)脚步移动改变位置。
(2)脚触及底线或场地内的地面。
(3)脚触及边线假定延长线外的地面。
(4)脚触及中心标志的假定延长线。
比赛中,运动员违反上述任一规定,背叛"脚误"一次。

(八)交换发球

(1)第一局比赛结束,发球员与接球员互换角色。
(2)以第一局为基础,以后每局发球员与接球员互换角色,直到此局结束。

四、通则

(一)交换场地

(1)运动员应在每一盘的第一局、第三局和随后的每一个单数局结束后交换场地。
(2)双方应在每盘结束双方局数之和为单数时,交换场地。

(二)失分

比赛中,出现以下情况之一视为失分：
(1)两次发球失误。
(2)接球员在对方的发球落地前击球。
(3)用球拍接触、接活球。
(4)在球过网前击球。
(5)活球状态下,运及其球拍或他穿戴及携带的任何物品触到场地固定器材或对手场地地面。

（6）在活球状态下，运动员在球连续两次触地前不能将球回击过网；或运动员回击的球落在有效击球区外或触及其他物体；或运动员回击的球在落地前触到永久固定物。

（7）在活球状态下，球触及运动员的身体或穿戴、佩戴品（球拍除外）。

（8）在活球状态下，球拍触球，但球拍不在运动员手中。

（9）运动员故意改变球拍形状。

（10）双打比赛中，回击球过程中一方的两名运动员拼抢回击球，球拍都触到球。

（三）压线球

比赛中，被击出的球落在线上，网球比赛规则规定，压线球算界内球。

五、双打比赛

（一）双打发球次序

（1）第1局，由发球方决定发球员，其对抗方则下一局决定由谁发球。

（2）第3局，由第1局发球方的同伴发球。

（3）第4局，由第2局发球方的同伴发球。

以下各局依次交换顺序发球。

（二）双打接球次序

（1）第1局，先接球的一方决定接发球员，接发球员负责本盘的单数局优先接发球。

（2）第2局，后接球方决定接发球员，接发球员负责本盘的双数局优先接发球。

第八章　网球运动规则及网球运动新形式

（三）双打还击

接发球后,双方应轮流由其中任何一名队员还击。网球比赛中,运动员同伴击球后以球拍触球的,判对方得分。

六、计分方法

男子戴维斯杯、四大满贯、奥运会决赛是五盘三胜制,其余比赛均为三盘两胜制。女子不论什么比赛均为三盘两胜制。

（一）一局数

(1)每胜1球得1分,先胜4分者胜1局。
(2)双方各得3分时为平分,之后,净胜两分为胜1局。

（二）一盘数

(1)一方先胜6局为胜1盘。
(2)双方各胜5局时,一方净胜两局为胜1盘。

（三）胜局计分制

在每盘的局数为6平时,有以下两种计分制:
(1)长盘制:一方净胜两局为胜1盘。
(2)短盘制,又称抢七。

（四）一局中的计分

1. 常规局

网球比赛规则规定,在一个常规局的比赛中,报分时应先报发球员比分,计分如下。

无得分——0
第一分——15

第二分——30

第三分——40

第四分——一局比赛结束

比赛中,如果两名运动员/队都获得了3分,则比分为"平分"。"平分"后,先连续获得2分的运动员则赢一局。

2.平局决胜局

网球运动比赛规则规定,在平局决胜局中,通常使用0、1、2、3分等来计分。

网球比赛期间,运动员先赢得7分,同时净胜对手2分,则会判定该运动员赢得本局(盘)比赛。比赛过程中,决胜局的情况必须是运动员净胜对方2分。

七、连续比赛

第一分发球开始,直到结束,比赛不应被打断。

(1)两次得分之间,间隔不应超过20秒。单数局结束后,双方应交换比赛场地继续比赛,用时不得超过90秒。但是,每盘第一局后的平局应连续比赛。

(2)每一盘结束后,本盘最后一次发球与下一盘的第一次发球之间,间隔用时不超过120秒。

(3)如有必要,赛事组织者在赛前应先向国际网联申请交换场地时间的延长。

(4)比赛中无休息时间。比赛期间运动员出现意外运动损伤情况的可以有3分钟处理伤病。

(5)比赛期间,运动员上卫生间/更衣室的次数应符合比赛前颁布的各项细则的要求。

(6)比赛期间,由运动员不可控因素,如衣帽、鞋袜、运动装备(球拍除外)损坏需要更换,裁判员应结合实际情况给运动员一定时间处理。

（7）比赛中，如果比赛组织者无其他特殊规定，则运动员的准备活动时间不应超过 5 分钟。

（8）比赛前，如果赛事组织者提前安排场上运动员的休息时间（一般不超过 10 分钟），该休息时间应在 5 盘赛制的第 3 盘后，或 3 盘赛制的第 2 盘后。

八、重赛

当裁判员宣布重赛后，应重新进行该分的争夺，指比赛的所有内容要重新开始，该次发球除外。

第二节 软式网球运动

一、软式网球的起源与发展

软式网球产生于日本，由硬式网球派生而来，属于非奥运会正式比赛项目，是重要的网球运动形式。

据相关史料记载，早期的网球是由英国传教士传到日本的，之后在日本广泛流传，具有了良好的群众基础，但是由于日本当时的生产技术较差，很多网球运动爱好者无法支付高昂的费用购买进口网球运动器材，因此，就经常使用其他球具代替，久而久之，就开始普遍使用一种软橡胶球，之后，最初的网球运动经过衍化，发展成为现在的软式网球。

1898 年，软式网球在日本被列为正式运动项目。

1904 年，由东京高师、高商、庆应、早稻田四所大学发起制定了第一本软式网球规则。

1922 年，日本第一个软式网球协会在东京成立，为软式网球在日本的进一步普及与发展奠定了活动组织基础。

1923 年，第 1 届全日本软式网球锦标赛成功举办。1955 年，日本、韩国等结成了"亚洲软式网球联盟",决定从 1975 年开始,每年举办一次世界软式网球锦标赛。

1973 年,亚网联盟解散,成立世界软式网球联盟,决定从 1975 年开始,每两年举办一次世界软网锦标赛。

我国的软式网球运动最初是在台湾地区开展的,较大范围的开展大约是在 1986 年,1987 年,正式成立了"中国软式网球协会",同年举行了首届全国软网邀请赛,次年改为全国软网锦标赛。随着近年来网球运动在我国的进一步普及与开展,我国软式网球参与人数正在逐年增多。

二、软式网球与硬式网球对比分析

软式网球是相对于传统的硬式网球而言的,其与硬式网球的主要异同参考表 8-2 所示。

表 8-2 软式网球与硬式网球对比[①]

项目		软式网球	硬式网球
不同点	球	直径 6.6 厘米 重量 30～31 克 白色橡胶制成	直径 6.4～6.7 厘米 重量 57～59 克 橡胶制品,表皮用毛毡包裹
	球拍重量	290 克左右	重量 330 克左右
	网高	1.06 米 球网呈水平	两端高 1.07 米 中央高 0.914 米
	报分	1 分、2 分、3 分、平分	15、30、40、平分
	比赛	7 局 4 胜制或 9 局 5 胜制	先得 6 局为胜一盘,先胜两盘或三盘为胜
	握拍法	西方式握拍法为主,正反手击球时用同一拍面	东方式握拍法为主,正、反手击球时不用同一拍面

---

① 董杰. 网球教程[M]. 北京:高等教育出版社,2005.

续表

	项目	软式网球	硬式网球
相同点	球的旋转	以上旋球为主	上旋球和下旋球并用
	场地	场地规格、区域划分和名称相同	
	击球	击球步法、挥拍动作、重心移动、球拍击球等基本相同	
	发球	挥拍动作、身体动作完全相同	
	战术	相同	

三、软式网球的场地、器材

(一)场地

软式网球场地为长方形,长 23.77 米,单打宽 8.23 米,双打宽 10.97 米。一般可分为室内和室外两种场地。根据场地的面层质地又课分为以下四种:

(1)草皮场地:人造草皮、自然草皮。

(2)硬地场地:水泥面、沥青面。

(3)塑胶场地:多层黏合面、整体黏合面。

(4)土质场地:红黏土。

一般来说,软式网球场地中,将端线和边线连成的区域为内场,内场以外的平坦地面称为外场。

软式网球的球网为黑色,长 12.65 米,高 1.06 米,网孔边长 3.5 厘米,球网上端用两片 5～6 厘米宽的白布包裹(穿钢丝绳用)。球网两端和网柱密接,球网下沿与地面相连。

此外,软式网球场地的附属设备还包括柱、裁判椅、挡网、凳子等。

(二)球拍

软式网球运动员所用球拍是用木料、金属及其他材料制成。拍框上要穿织网弦,一般来说球拍长 69 厘米,拍框为椭圆形、长 32 厘米、宽 22 厘米,拍把长 37 厘米。

对于软式网球运动初学者来说,在选购软式网球的球拍时,应注意以下几方面内容:

(1)平衡:试用网球球拍,挥拍时球拍顶部应无沉重感。

(2)重量:在选择球拍时,应注意整个球拍的重量要与自身的技术、体力、打法相适应,一般来说,初学者应使用260~290克重的球拍。

(3)拍把:特别要注意拍把的粗细,对于运动者来说只要握拍时感觉轻松即可。初学者在选择网球拍时往往存在这样的误区,即选择细的拍把,其实应选粗一点的。

(三)球

软式网球是充气的白色橡胶球,直径6.6厘米,重30~31克。国际软式网球用球标准规定,软式网球标准用球从1.5米高处下落的反弹高度应为55~80厘米。

四、软式网球的比赛方法

(1)软式网球运动比赛过程中,双方运动员在规定的场地上,场地中间以球网相隔,利用球拍相互对打落地反弹一次的球或凌空击球的形式进行对抗。

(2)软式网球运动比赛不受时间和击球次数的限制,比赛期间,先得4分一方为胜一局,如果双方均得3分为平方,此后只要某方连得2分,则胜一局。

(3)正式的软式网球运动比赛采用7局4胜制或9局5胜制。

第三节 短式网球运动

一、短式网球的起源与发展

短式网球运动起源于20世纪70年代的瑞典,之后广泛流传

第八章　网球运动规则及网球运动新形式

于欧美各国,目前,是世界各国进行网球运动启蒙的一项重要的运动形式。

短式网球是在世界网球运动进入高速发展时期,在"启蒙早、成才小"的趋势下产生的一种儿童网球运动,短式网球用于儿童网球运动培训具有运动量小、便于开展、成本较低、入门简单等诸多特点。在网球运动发达国家,短式网球运动已经成为一项固定的儿童网球启蒙训练内容。通过组织儿童参与短式网球运动训练,培养儿童对这种容易上手的运动的兴趣与热情,并在简单的入门之后可以体会到网球运动的快乐。在技术方面,能为系统的网球运动学习奠定良好的基础,二者并不矛盾,因此,深受网球运动教练员和网球运动儿童爱好者的喜爱。

1990年,国际草地网球协会承认短式网球为一项正式的体育运动,并于1995年开始正式在全球范围内进行推广。

目前,短式网球是一项经专家设计、富有网球运动全部内涵、适合于5岁起各年龄段儿童启蒙训练的新兴体育项目。

短式网球运动于20世纪90年代被引进我国,获得了许多儿童的喜欢,并得到了大力推广。

二、短式网球的场地、器材

(一)场地

短式网球场地是正规网球场地1/3,其标准场地长13.4米,宽6.1米(图8-3)。

短式网球场地的端线至拦网的距离不得少于4米,两场地之间相隔2米,室外场地南北向,场地呈扁方"田"字形。端线后面的挡网高度不低于3.5米,侧面挡网高度不低于2米。

标准的短式网球,球网柱高0.85米,球网中央高0.80米,网长7米,两网柱之间长7米。

短式网球运动的场地地面有多种类型构成,地面采用沙土、

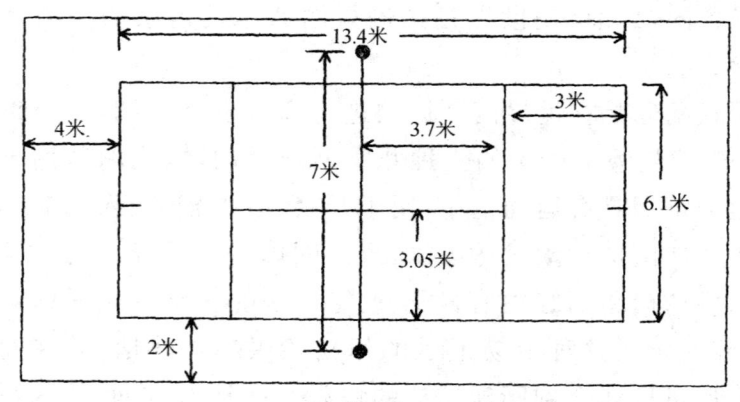

图 8-3

水泥、木板、沥青、塑料等均可,但无论何种材质的场地,均应保持场地表面的平整。短式网球场地一般建在室内,室外短式网球场地也有,主要选择建在无风处。

(二)球拍

短式网球拍与网球拍外形相同,但与标准网球球拍相比,要更轻、更小。长度可分 47 厘米、49 厘米、55 厘米三种,重量与长度成比例,在 140～160 克之间(成人球拍长 70 厘米,重 270～350 克)。

由于短式网球多用于儿童网球运动启蒙训练,因此,在选择球拍时,儿童要根据年龄和力量条件选择适合的球拍,注意遵循宁轻勿重的原则,切忌超负荷或使用成人球拍参加训练。

(三)球

短式网球的球是用泡沫塑料制成的,直径为 7 厘米,重量为 14.5～15 克(成人网球直径 6.4～6.71 厘米,重 57～59 克)。

和传统网球用球相比,短式网球的球具有良好的弹性和飘飞能力,在飞行过程中空气阻力较大,具有飞行轨迹稳定、落地后前冲力小的特点。

三、短式网球的比赛规则

短式网球的比赛规则近似成人网球比赛的规则,其单打、双打、混合双打均采用11分制,每局10∶10时,必须有一方连胜2分才算胜该局。

(1)发球权:短式网球运动比赛规则规定,比赛中,每名选手都有且只有2分发球权,换句话说,即当运动员由右区到左区各完成1分发球后,发球权换到对方。

(2)第1次发球:落网、出界、错区或错位站位、脚误,可进行第2次发球,两次发球失误即失1分。发球触网落在有效区域内,可进行1次或2次发球。

(3)二次发球:发球失误则运动员失1分,失分后,双方交换发球顺序。

(4)发球顺序:双方交替发球,第2局或决胜局比赛后按比赛结束时的顺序继续进行。

(5)场地交换:双方积分之和至8分或8的倍数时,双方运动员应交换场地,发球顺序不变。换场和比赛中不得休息,一局比赛结束后,运动员可以休息90秒。其他与网球规则一致。

(6)比赛期间,运动员不得调整站位。

(7)球员失分:比赛中,发出的球碰触场内设施,接发球员未接到球,则判失1分。

参考文献

[1]谢成超,杨学明.大学网球教程[M].北京:化学工业出版社,2016.

[2]刘保华.现代网球运动教程[M].北京:北京体育大学出版社,2016.

[3]王兴通.网球运动的发展与科学化训练研究[M].北京:中国水利水电出版社,2016.

[4]罗晓洁.网球技术与教法[M].上海:同济大学出版社,2016.

[5]安丽娜.体育与健康教程理论研究[M].北京:中国纺织出版社,2016.

[6]王秀玲.全民健身与城市体育[M].沈阳:白山出版社,2015.

[7]南来寒.全民健身路径[M].长春:吉林文史出版社,2014.

[8]董孔楣,陈立民,李永刚.全民健身运动理论和科学实践研究[M].北京:中国书籍出版社,2014.

[9]周海雄等.网球运动员体能与心理训练手册[M].北京:人民体育出版社,2008.

[10]朱丽君.网球运动对现代人文化生活影响的探析[J].武汉航海(武汉航海职业技术学院学报),2007(02).

[11]宋奇男.网球运动在高校校园文化建设中的作用[J].赤峰学院学报(自然科学版),2010(26).

[12]石昊天.网球文化对大学校园体育文化的影响[D].辽宁师范大学,2011.

[13]韦海琼.少年儿童(5—16岁)网球运动启蒙训练中网球兴趣的培养[D].广西师范大学,2009.

[14]周铭共.网球:世界因你而精彩[M].北京:高等教育出版社,2007.

[15]中国网球协会.网球竞赛规则2015[M].北京:人民体育出版社,2016.

[16]董杰.网球教程[M].北京:高等教育出版社,2005.

[17]张瑞林.网球运动[M].北京:高等教育出版社,2005.

[18]张发强.全民健身综论[M].北京:人民体育出版社,2007.

[19]王泽刚.网球运动实训教程[M].武汉:武汉大学出版社,2016.

[20]刘亚云等.小球运动[M].长沙:湖南师范大学出版社,2007.

[21]张英波.现代体能训练方法[M].北京:北京体育大学出版社,2006.

[22]黄小懿,洪邦辉.简析2003年—2012年我国网球技术的发展现状[J].劳动保障世界(理论版),2013(08).

[23]于海生.当代网球接发球技术特点及发展趋势分析[J].科教导刊(中旬刊),2012(11).

[24]王旭东.体育健身原理与方法[M].北京:北京体育大学出版社,2008.

[25]唐宏贵.体育健身原理与方法[M].武汉:湖北人民出版社,2008.

[26]陈宁.全民健身概论[M].成都:四川教育出版社,2003.

[27]李相如,苏明理.全民健身导论[M].北京:高等教育出版社,2008.

[28]董新光.全民健身大视野[M].北京:北京体育大学出版社,2003.

[29]刘同元.体育健身原理与方法[M].武汉:湖北科学技术出版社,2000.

[30]刘胜,张先松,贾鹏.健身原理与方法[M].武汉:中国地质大学出版社,2010.